QINGSHANG RENZHI YU TISHENG
情商认知与提升

张亚歌 编著

郑州

图书在版编目(CIP)数据

情商认知与提升/张亚歌编著. －郑州:河南大学出版社,2020.8
ISBN 978-7-5649-4368-4

Ⅰ. ①情… Ⅱ. ①张… Ⅲ. ①情商－通俗读物 Ⅳ. ①B842.6－49

中国版本图书馆 CIP 数据核字(2020)第 116144 号

责任编辑	李　云
责任校对	张　珊
封面设计	李雪艳

出　版	河南大学出版社
	地址:郑州市郑东新区商务外环中华大厦 2401 号
	邮编:450046
	电话:0371-86059715(营销部)
	网址:hupress.henu.edu.cn
排　版	郑州市今日文教印制有限公司
印　刷	河南瑞之光印刷股份有限公司
版　次	2020 年 8 月第 1 版　　印　次　2020 年 8 月第 1 次印刷
开　本	890mm×1240mm　1/32　　印　张　8.5
字　数	206 千字　　定　价　32.00 元

(本书如有印装质量问题,请与河南大学出版社营销部联系调换)

前　　言

　　情商(EQ)又称情绪商数,是近年来心理学家提出的与智力和智商(IQ)相对应的概念。它主要是指人在情绪、情感、意志、耐受挫折等方面的品质,是一个人掌控自己的情绪情感和他人情绪情感、处理自己与他人之间情感关系的能力;是一个人适应社会、实现自我价值必备的能力之一。

　　智商主要反映人的认知能力、思维能力、语言能力、观察能力等理性能力。在21世纪,社会不仅需要高智商人才,更需要高情商人才,加强情商培养是时代发展的要求。

　　一个人从小到大,家庭和社会更多关注孩子的学习成绩,重心放到了对他们智力的开发、培养上,忽略了孩子的情商培养。很多人在面临环境变化、压力增大、感情波动、事务繁杂时,往往产生无法调节的迷茫、恐惧、抑郁、冲动,给自己和他人造成极大的伤害。

　　在情商的认识上,存在着"高情商就是圆滑、会说话,让每个人满意"的误区。在情商的培养上,存在着"情商不用教"的误区。情绪管理、社会交往、倾听表达，同样是科学，正如数学、阅读、音乐一样，需要进行系统的学习。情商能力的高低，取决于是否能获得关于情绪与社会的正确的价值观、态度和技巧，要有一个系统的、准确必备的知识框架。

通俗一点讲，伟大的成功者未必都是高智商者，但他们或许具备较高的情商。生活实践也告诉我们，人们更愿意与能够敏锐了解他人情绪、善于控制自己情绪的人交往，这类人往往更容易取得成功、生活幸福。

哈佛大学教授、著名心理学家丹尼尔·戈尔曼在他的著作《情感智商》一书中提出，促使一个人成功的要素中，智商作用占20%，而情商作用占80%。高情商，一定不是与生俱来的，它需要我们后天不断地努力，时刻总结自己。本书旨在为读者构建一个正确的情商观与良好的提升通道，让我们一起努力吧。

目 录

第一章 情商的基本认识 ……………………（ 1 ）
  第一节 情商是什么 ……………………………（ 1 ）
    一、情商的概念 ………………………………（ 1 ）
    二、情商理论 …………………………………（ 3 ）
  第二节 情商和智商的关系 ……………………（ 5 ）
    一、"高智商"者的无理智行为 ………………（ 5 ）
    二、成功的"二八"之分 ………………………（ 6 ）
  第三节 高情商与低情商的表现 ………………（ 9 ）
    一、情商高低的分类 …………………………（ 9 ）
    二、历史人物的情商 …………………………（ 10 ）
    三、当代大学生低情商的表现 ………………（ 16 ）
  第四节 大学生对于情商的误解 ………………（ 22 ）
    附　录:情商测试 ………………………………（ 24 ）

第二章 情商与自我认知 ……………………（ 31 ）
  第一节 性格与情商 ……………………………（ 32 ）
    一、性格是什么 ………………………………（ 32 ）
    二、性格的形成因素 …………………………（ 34 ）

三、性格的类型 ……………………………………（35）
　　四、性格与命运 ……………………………………（41）
　　五、情商与性格 ……………………………………（44）
第二节　能力与情商 ……………………………………（47）
　　一、能力的定义 ……………………………………（47）
　　二、能力的分类 ……………………………………（49）
　　三、情商与能力 ……………………………………（52）
第三节　价值观与情商 …………………………………（54）
　　一、价值观的定义 …………………………………（54）
　　二、价值观的类型 …………………………………（58）
　　三、价值观的特性 …………………………………（59）
　　四、价值观与情商 …………………………………（60）
第四节　自我心像与情商 ………………………………（63）
　　一、自我心像的定义 ………………………………（63）
　　二、自我心像的奥秘 ………………………………（64）
　　三、自我心像与情商 ………………………………（66）
　　四、建立良好的自我心像 …………………………（68）

第三章　情商与情绪 ……………………………………（72）
第一节　情绪的基本知识 ………………………………（72）
　　一、情绪的分类 ……………………………………（73）
　　二、判断自己的情绪 ………………………………（74）
　　三、判断他人的情绪 ………………………………（76）
　　四、提高判断情绪的能力 …………………………（79）
　　五、情绪表达 ………………………………………（82）
　　六、情绪的作用 ……………………………………（85）

七、情绪的传染性 …………………………………（87）
　　八、情绪和情商 ……………………………………（88）
　第二节　导致低情商的坏情绪 …………………………（90）
　　一、抱怨，让人生一片黯淡 ………………………（90）
　　二、恐惧，摧毁人一生的可怕情绪 ………………（94）
　　三、抑郁，爱纠缠人的"精神感冒" ………………（98）
　　四、仇恨，伤害别人、惩罚自己的"烈火" ………（103）
　　五、客观地看待仇恨 ………………………………（107）

第四章　管理情绪与情商提升 ………………………（111）
　第一节　管理情绪 ………………………………………（111）
　　一、情绪管理理论 …………………………………（114）
　　二、情绪管理的标、本治法 ………………………（115）
　　三、情绪背后的信息 ………………………………（116）
　　四、调整认知 ………………………………………（119）
　　五、疏导愤怒 ………………………………………（121）
　　六、移开焦虑 ………………………………………（126）
　　七、舒缓压力 ………………………………………（132）
　　八、控制冲动 ………………………………………（138）
　　九、拯救嫉妒 ………………………………………（141）
　　十、承受挫折 ………………………………………（148）
　　十一、驾驭负面情绪 ………………………………（151）
　第二节　使用"同理心" ………………………………（156）
　　一、同理心是什么 …………………………………（156）
　　二、辨识同理心 ……………………………………（157）
　　三、如何培养"同理心" …………………………（158）

第五章　沟通中的情商提升 …………………（160）

第一节　有效倾听 ……………………………（163）
一、学会倾听 ………………………………（166）
二、有效倾听的策略 ………………………（168）

第二节　理解能力 ……………………………（175）
一、理解层次 ………………………………（175）
二、人际理解力 ……………………………（178）
三、发起话题 ………………………………（181）

第三节　语言沟通 ……………………………（184）
一、声音是表达的第一条件 ………………（187）
二、用人格魅力吸引对方的关注 …………（191）
三、用语言魅力引导对方"侃侃而谈" ……（192）
四、衷心赞美让对方如沐春风 ……………（197）
五、恰当地寻求对方支持 …………………（202）
六、言行适宜地表达不同意见 ……………（209）
七、不做不好的谈话者 ……………………（213）
八、说服的技巧 ……………………………（214）
九、注意沟通距离 …………………………（214）

第四节　善用工具 ……………………………（215）
一、打电话有玄机 …………………………（215）
二、电话面试找技巧 ………………………（218）
三、书面交流更谨慎 ………………………（220）

第六章　个人修养与情商提升 ………………（225）

第一节　做好"包装"，塑造良好形象 ……（225）
一、关注外在 ………………………………（225）

二、注意仪态 …………………………………（227）
　　三、让表情传情达意 …………………………（228）
　　四、谈吐适宜 …………………………………（229）
第二节　自信、自省、自助，独具魅力 ……………（230）
　　一、自信，平凡不平庸 ………………………（230）
　　二、自省，每天进步一点点 …………………（234）
　　三、自助，不要推脱失败 ……………………（236）
第三节　培养气场，成就格局 ………………………（237）
　　一、人是有气场的 ……………………………（238）
　　二、气场初体验 ………………………………（239）
　　三、培养个人气场 ……………………………（243）
　　四、从头到脚修气场 …………………………（250）
　　五、内心强大的人气场也强大 ………………（258）

智高于人者,独力闯天下;情高于人者,依众力得天下。

智高于人者,可助人得天下;情高于人者,人愿助其而得天下。

第一章 情商的基本认识

第一节 情商是什么

一、情商的概念

进入 21 世纪,竞争越来越激烈,人们越来越想知道成功的秘诀。有不少人认为,上了名牌大学就意味着看到了成功的曙光。于是,不少父母为了不让孩子输在起跑线上,非常注重对孩子技能的培养,从幼儿园开始为孩子报各种学习班,给孩子制订重点幼儿园、重点小学、重点中学、重点大学的目标。假设一个人按照父母设定的目标前进,考入了一所好的大学,就走在成功的路上了吗?

事实告诉我们并非如此。

有人寒窗苦读进入大学,抑郁不能毕业;有人戴着"名校"的光环四处碰壁;有太多智商高的人都惨遭失败,有太多从小就聪明至极的人也以"泯然众人"般结束一生。其中智商高达 167 的美国著名的"大学炸弹客"泰德·卡钦斯基(Ted Kaczynski),从小便是众人瞩目的少年天才,16岁进入哈佛,25岁密歇根大学博士毕业,成为加州大学伯克利分校史上最年轻的助理教授,但这位智力超常的人,却成了运用自己研制的炸弹,造成3死23伤严重后果的杀人凶手。

在历史的长河中,有的人很聪明却屡遭挫败,有的人看起来没有突出的技能却大放异彩;有的人生活简朴却快乐幸福,有的人相对富足却常常抱怨生活不公;有的人工作努力、业绩喜人,但职位、薪水却一直原地踏步。同是企业引入的智商超群的特殊人才,几年之后,发展却迥异。

从古到今,类似的例子不胜枚举,为什么会这样呢?答案就是本书的核心内容"情商"。

"情商"这一概念是美国心理学家约翰·梅耶和彼得·沙洛维于1990年首先提出的,当时并没有引起全球范围的关注。1995年,时任《纽约时报》的科学记者丹尼尔·戈尔曼出版了《情商》一书,引起全球性的情商研究与讨论,丹尼尔·戈尔曼也因为该书一举成名,随后出版的情商系列丛书,奠定了丹尼尔·戈尔曼"情商之父"的地位。

"情商"的英文拼写为"Emotional Quotient",缩写为"EQ",主要指人在情绪、情感、意志、耐受挫折等方面的品质。与"情商"相对应的是"智商"(Intelligence Quotient),缩写为"IQ",主要反映人的认知能力、思维能力、语言能力、观察能力、计算能力、律动能力等。

情商与智商

情商和智商反映人不同的心理品质。情商反映一个人认识、理解、运用、表达、控制、调节自身情感的能力,以及处理自己与他人之间关系的能力，主要表现人的非理性方面。智商反映人的记忆力、想象力、分析判断能力、思维能力、计算能力等，主要表现人的理性方面。情商和智商都受遗传因素的影响，但智商受遗传因素的影响相对多一些，情商受后天因素影响多一些。情商和智商的作用也不一样。职场中，在选举公司部门领导人时，大家通常会选择和蔼可亲、人际关系比较好的人，而不是那些最聪明的人；在选择业务骨干时，更多的是选择智商比较高的人。

在"情商"这一概念被提出之前，智商一直被人们看作人生成败的决定因素，研究者更是设计出很多的智商测试方法。随着社会的发展，越来越多的实例证明：高智商者不一定取得成功，智商的高低与一个人成就的大小不存在必然的联系。高智商的人更倾向于成为专家、学者、教授、法官、律师等，他们在特定的领域往往有较高造诣；而高情商的人则综合素质强，往往比高智商者成就更大。纵观全球各大组织机构认为优秀领导者应有的诸多竞争力要素，领导者职位越高，情商的重要性越高，而对于低端工作，智商和职业技能相对更重要。曾有全球执行力研究公司的研究员指出："首席执行官被聘请是由于智商和经营才能，被解雇是由于情商低。"情商对商界的影响，也被提到了至关重要的位置，哈佛商学院标志性杂志《哈佛商业评论》认为，情商"开创了全新的研究范式"，是近年来最具影响力的商业思想之一。

二、情商理论

对情商的研究，在学术界存在大大小小几十种理论，归纳起来主要有三种模式，每种模式代表不同的研究方向。第一种模式是彼得·沙洛维和约翰·梅耶提出的由智商研究开创的传统智力研究范式。他们这样定义情商：能检测并能调整自我和他人的情绪，善用情感能力引导思想和行动的能力。第二种模式由鲁文·巴昂提出，起源于他的幸福研究。他认为：情商是人应对环境需要和压力的一系列情绪能力的总和。第三种模式是由丹尼尔·戈尔曼提出的，融合了情商理论和近几十年来关于个体竞争力的模型研究，关注行为层面，即工作和组织领导力的表现。他认为：与智商或技能不同的是，情商是一种鉴别性的竞争力，最能反映谁在一群很聪明的人当中最有号令群英的本领。

　　结合大学生实际，可以把情商的要素归纳为对己、对"他"两方面，即对自己的认知与管理，对他人、对社会的认知与相处。情商水平不像智力水平那样可用测验分数较准确地表示出来，它只能根据个人的综合表现进行判断。

　　情商水平高的人具有如下特点：讲话做事善于照顾他人的感受；解读对方情感和意图的能力强；辐射正能量，和他们在一起，你会感到舒服、轻松、快乐、热情；善于维系亲近的关系，也能保持独立和自我；会关注和主动获取对方的反馈，加以调整；朋友圈子广，能容纳多种类型的人；善于鼓励和夸奖他人。情商是在自然养育与社会磨砺的综合过程中生成的，人生每个阶段的生活体验都会在情商构成中留下不同的印记，进而会长期保留并在未来生活中的某一时刻有所显现。情商的高低可以通过一个人的综合表现得出，情商的后天习得性也决定了情商是可以培养的。作为当代大学生，可以通过认识自己来认知自己的情商，从管理情绪、磨砺沟通、提升自我来提升自己的情商。

第二节 情商和智商的关系

一、"高智商"者的无理智行为

现代生活中,很多家庭将孩子的学习成绩放到首位,一直强调要"学习好",认为只要孩子学习成绩好,其他的都可以忽略,再加上多年来我国基础建设的发展,社会上对专业技术人才一直处于缺乏状态,这更加推动了家庭、学校、社会对技能、技术的高度唯一性重视,没有将个人的情绪、情感、意志、抗挫折能力放到同等重要的位置。随着社会的多元化程度加深、网络的快速发展、精神文明的建设,个人情商的作用越来越凸显。大学生作为社会的未来建设者,处于大学象牙塔学习阶段,属于情商的展露期,他们的行为在一定程度上体现了以往的情商教育,又展示了情商教育的重要性。而近年来,在高智商的大学生群体中,发生了许多不该发生的悲剧。

2009年11月发生的"郭力维事件",吉林农业大学学生郭力维用事先准备好的尖刀扎同寝室同学赵某数刀后报警,经120急救人员诊断确认赵某已死亡。据郭力维讲,上大二时,因觉得赵某打呼噜影响自己休息,曾将赵某晚上打呼噜视频传到校内网上,二人因此不和。后来郭力维认为赵某多次对其进行辱骂,伤害了其自尊心,遂起杀心。

2010年10月发生的"药家鑫案",西安音乐学院学生药家鑫驾车从西安外国语大学长安校区返回市区途中,将前方在非机动车道上骑电动车同方向行驶的被害人张妙撞倒。药家鑫恐张妙记住车牌号找其麻烦,即持尖刀将张妙杀死,逃跑途中又撞伤二人。

2013年4月发生的"复旦投毒案",复旦大学医学院研究生黄某遭他人投毒后死亡,犯罪嫌疑人林某某是受害人黄某的室友,投毒药品为剧毒化学品N-二甲基亚硝胺。林某某与黄某均为复旦大学2010级硕士研究生,分属不同的医学专业。林某某因琐事对黄某不满,逐渐怀恨在心。2013年3月林某某从实验室取出装有二甲基亚硝胺原液的试剂瓶和注射器,将化学药品投入寝室饮水机内,黄某接水饮用后中毒,送医院后,经抢救无效死亡。

2013年4月发生的"南航凶杀案",南京航空航天大学学生袁某在宿舍玩电脑游戏,遇同宿舍蒋某因未带钥匙敲门,袁某未及时开门,双方发生口角,并发生肢体冲突。在冲突过程中,袁某拿起书架上的一把水果刀扎到蒋某胸部,蒋某被送医院后抢救无效死亡。据校方称,两名学生的成绩均挺优秀的,"袁某平均每门成绩都在90分以上"。

这些案件的主人公,均是"高智商"的人才,为什么智力超群的人会做出这么没有理智、如此愚蠢的事情呢?答案在于,学业智力与情商不是正比例关系,确切来讲,两者之间没有多大关系,我们当中最聪明的、智商最高的,也可能会因为肆无忌惮的激情和不加克制的冲动而铸成大错,高智商人士的私生活也可能是一团糟。

二、成功的"二八"之分

心理学的一个公开秘密是,成绩、智商分数等智力指标尽管流行甚广,并在一定时期内占据首要地位,但这些因素其实难以准确地预测成功人生。如果将群体作为一个整体考察的话,智商非常低的人往往从事低薪的工作,而高智商的人通常会获得高薪,但生活是否幸福、职业能否发展，情商就占据了更重要的地位。

情商之父、哈佛大学心理学教授丹尼尔·戈尔曼曾说过"成功＝20%智商＋80%情商"。决定一个人成功的因素，最重要的是情商，高智商的人抱怨怀才不遇，更多的是因为情商不够。在成功人生的决定因素中，智商最多有20%的贡献率。很难用智商解释前途、教育及机会大体均等的人为什么走向不同的人生。经过高考"独木桥"考入大学的同班同学，智商差别不是很大，但在大学生活中，有的学生目标明确、勤奋刻苦学习，毕业时实现自己的小梦想；有的学生浑浑噩噩、毫无自律，毕业时困难重重。数年之后，同学之间的差距越发明显：有人成为行业领军人物，有人成为业务骨干，有人步入领导岗位，有人挣扎在生存线上。在学校分数最高的学生较之分数较低的学生，在薪水、工作效能或地位方面，并没有显示特别的成功。高分数学生对生活的满意度不是最高的，对友谊、家庭和爱情的幸福感也不是最强烈的。这其中，情商起到了很关键的作用。

在国外一项研究中，对象是1981年毕业于伊利诺伊州多所高中的81名毕业典礼致辞者，这些学生是所在学校平均学分绩点最高的人。他们在大学的表现依然很好，学习成绩优秀，但到了将近30岁的时候，他们取得的成就仅为中等水平。在高中毕业10年之后，他们当中只有1/4的人在所在职业领域处于同龄人的最高水平，很多人表现得并不是很好。波士顿大学教育学教授凯伦·阿诺德（Karen Arnold）是追踪告别演说者的研究者之一。她解释道："我认为我们发现了'尽职的人'，即知道怎样在体制内取得成功的人。但告别演说者所面临的困难肯定是和其他人一样的，能够担任告别演说者，意味着他的学习成绩非常出色，但你不能据此判断他们如何应对风云变幻的生活。"这就是问题所在，学业智力并不意味着个体对生活的变化导致的混乱或机会做好了充分的准备。高智商也不是财富、名望或幸福的保证,我们以往的教育本质还是过于关注学习能力,忽略了情绪智力系列特质对个体同样有着极大的影响。情绪,在这个领域,个体的处理能力有高低之分,而且同样要求具备一系列独特的竞争力。个体在情绪方面的成熟程度是理解一些人获得成功而同等智力的另一些人却走进死胡同的关键。很多证据显示,擅长处理情绪的人,也就是能很好地了解并控制自身感受的人,以及那些懂得并能有效处理他人感受的人,在人生的任何领域都具有优势,不管是在爱情和其他亲密关系中,还是在办公室政治中,他们都能领会决定成功的因素。情绪技能出色的人,在生活中也更有可能获得满足;不善于控制情绪的人,常常会经历内心的斗争,从而损害其专注于工作和清晰思考的能力。

风靡全球的电影《阿甘正传》中的主人公阿甘,就是一个控制情绪的典型人物。他是天才的运动员、战士、商人,可是我们知道他从小就是被人嘲笑的白痴。他真的是白痴吗?智力测试迟钝固然令人与成功有了距离,但是成功不一定永远属于高智商的天才人士,成功属于高智商与高情商完美结合的人。从阿甘身上,我们可以学习很多东西,最重要的一点就是专心做好自己的事情。阿甘天生就注定不是一个出类拔萃的人,但是生活又是如此地公平——往往会令起点不高的人更早更深刻地认识到生活的真相。从智商只有75分而不得不进入特殊学校的人,到橄榄球健将,到越战英雄,到船长,到跑遍美国……阿甘以先天缺陷的身躯,达到了许多智力正常的人也许终其一生也难以企及的高度。

在生活中,有的人常常感受到生活的负担过重,自己又是那么地无能为力,整天垂头丧气、郁郁寡欢。反观阿甘,在生命的每一个阶段,心中总有一个目标在支持着他,他也因此坚持不懈、坚定地奋斗,直到这一目标的完成或新目标的出现。阿甘的信念非常单纯,目标又是如此清晰,即使自身先天不足,面前又有穷山恶水,阿甘也能够以一颗绝对平常的心视之,并最终一一跨过。这不是仅仅用"傻人有傻福"就可以解释清楚的。所以,只有保持阿甘这种生活态度和坚强意志的人,才能够减轻自己生命中的重负,获得人生的辉煌。

第三节 高情商与低情商的表现

一、情商高低的分类

在长期研究的基础上,英国著名教授克里斯丁·威尔丁等人对于情商做出了最基本的分类。

第一类,高情商。在为人处世时这类人具有以下特点:

尊重所有人的人权和人格尊严;

不会将自己的价值观强加于他人;

对自己有清醒的认识,能够承受压力;

自信,但不自满;

人际关系良好,和朋友、同事能友好相处;

善于处理生活中遇到的各方面的问题;

认真地对待每一件事情。

第二类,较高情商。在为人处世时这类人具有以下特点:

他们是负责任的人;

有足够的自尊心;

有独立人格,但在一些情况下会被别人的焦虑情绪所感染;

比较自信而不自满；

较好的人际关系；

能应对大多数的问题，不会有太大的心理压力。

第三类，较低情商。在为人处世时这类人具有以下特点：

他们容易被他人所影响，对自己的目标不明确，甚至完全不清楚；

比低情商者善于原谅，能控制大脑；

能够应付较轻的焦虑情绪；

把自尊建立在他人认同的基础上；

缺乏坚定的自我意识；

人际关系较差。

第四类，低情商。在为人处世时这类人具有以下特点：

自我意识差；

无确定的目标，就算有，也不打算付诸实践；

严重依赖于他人；

处理人际关系的能力差；

应对焦虑的能力很差；

生活无需，且不知改变的必要性；

无责任感，喜欢抱怨。

二、历史人物的情商

"情商"的概念虽然是美国心理学家提出来的，但纵观中国5000年的文明史，尤其是帝王霸业的成就之路、太平盛世的治理方略，情商无不发挥着至关重要的作用。

情商在中国历史上最灿烂的年代当属三国时期，三国是一个英雄豪杰辈出、能人异士尽现的年代。在三国历史上,高情商和低情商的对比非常突出。能成大事者,不仅智商高,情商也要高,否则,即使能力超群也是下场凄惨。吕布虽勇,殒命白门楼;关羽刀快,败走麦城;袁绍"四世三公",吐血而亡。这些人要么武艺高强,要么能力超众,可惜最终死于非命。

(一)吕布殒命白门楼

建安三年(198年)10月,曹操与吕布的彭城之战,吕布在白门楼向曹操投降,曹操犹豫间,吕布向刘备求救,希望看在辕门射戟的分上,为自己说句好话。刘备只说了一句话,保全了自己,致吕布于死地:"明公不见布之事丁建阳及董太师乎?"①(曹公你难道不记得吕布是怎么对待他的老上司丁原和董卓的吗?)据史料记载:吕布本拜丁原为义父,后杀丁原投靠董卓,并尊董卓为义父,后来又在王允等人引诱下杀了董卓。

吕布骁勇善战,被后人评价为"人中吕布,马中赤兔",他以为曹操会答应自己的合理要求,毕竟当时曹操急需人才。但是,情商不高的吕布没有完全猜到曹操的想法,曹操喜爱吕布首屈一指的武力,但也清楚吕布的势利多变,日后究竟会不会伤害到自己,曹操有些拿捏不准。刘备在这件事上也有自己的心思,他处事一向低调,尤其在曹操的手下他必须保持低调。但此时不得不发言,拥曹还是挺吕,或者明着拥曹暗中挺吕,甚至心怀鬼胎,都可以从他所说的话中露出端倪。立场决定生死,一旦摆明立场,往往命悬一线,此时要死的可能是吕布,也可能是刘备自己。

---

① 陈寿:《三国志》卷七《魏书·吕布张邈臧洪传》,上海古籍出版社,2016,第194页。

最终，刘备的话让曹操醍醐灌顶，决定杀了吕布。看似吕布是因为刘备的一句话而亡，其实吕布是死于自己的低情商。刘备的话只是提醒了曹操这个事实，实际上，曹操也不敢用吕布，担心吕布将来某一天会背叛自己，只能杀了吕布。

（二）关羽败走麦城

关羽水淹七军后，曹操为解樊城之围，想出一个一箭双雕的主意。他写信给孙权，劝说孙权乘现在荆州后防空虚，攻取被刘备夺去的荆州。这样，当关羽听说荆州被夺，定会撤军回救，樊城之围自然就会解除。后来吕蒙"白衣过江"，大败关羽，夺取荆州。关羽败走麦城，看似是"大意失荆州"，实则是因关羽的情商低，丢城丧命。

关羽傲上不辱下，对待部属极尽关爱，对待上级却从来都是不屑一顾的样子，对待同僚也表现得极不友好。在他镇守荆州的时候，当听说刚刚投降的马超英勇，就派义子关平前去对刘备说，"父亲知马超武艺过人，要入川来与孟起（马超字）比试高低"，如此意气用事。后来还是诸葛亮回信说马超不及关羽，关羽才"遂无入川之意"。当听说老将黄忠也被封为"五虎上将"时，关羽同样表现出了不太愉快，说大丈夫怎么能与老卒为伍。

将荆州交割于关羽的时候，诸葛亮曾反复交代，一定要联吴抗曹，才能保得荆州的平安。孙权主动向关羽伸出了橄榄枝，提出让自己的儿子娶关羽的女儿，从此两家结成秦晋之好，共同抵抗曹操。不料关羽一听竟然大怒："吾虎女，安肯嫁犬子乎！"①带有侮

---

① 陈曦钟、宋祥瑞、鲁玉川辑校：《三国演义会评本》，北京大学出版社，1998，第626页。

辱性的拒绝,激怒了孙权而联曹抗蜀。荆州危急,当时关羽应该就近求救,而刘封、孟达就在离得最近的上庸关。出乎意料的是,当刘封接到廖化送来的求救信后,却因为关羽曾对自己被刘备收为义子之事多有异议而耿耿于怀,他按兵不动,眼看着关羽一步步走向灭亡的深渊。固然,刘封公报私仇、见死不救,罪不容恕,但也足见关羽的人际关系之差、情商之低。

(三) 袁绍吐血而亡

袁绍从高祖袁安到其父袁逢,袁氏四代都有人任司徒、司空、太尉,这在汉代号为三公,分别掌握国家的政务、司法、军事大权,是最高的职位。官渡之战开始时,袁绍出兵70万,号称百万,而曹操只有六七万人马。在与曹操的交锋中,他一败于官渡,再败于仓亭,遂使百万雄兵土崩瓦解,英雄事业付之东流,自己落了个吐血身亡的可悲下场。

对袁绍失败的原因,曹操的谋士郭嘉曾有过曹操胜于袁绍的"十胜":袁绍礼仪太多,曹操自然得体,这是道胜;袁绍以反叛力量统天下,而曹操复兴汉室用来统帅天下,这是义胜;东汉灭亡在于对待豪强过于宽纵,袁绍以宽济宽,不能整饬危局,而曹操拨乱反正,以严治政,全军上下都依法行事,这是治胜;袁绍表面上宽宏大量而内心则多疑,用人却怀疑他,所任用的只有亲戚朋友,而曹操用人时表面上简单容易却内心明白清楚,用人从不怀疑,只要是才就使用他,不在乎远或近,这是度量上胜;别人提意见时,袁绍有很多谋略,却很少下决定,而曹操有计谋就施行,应变能力无限,这是谋略胜;袁绍喜欢名誉,会吹捧装裱自己的人大多投靠他,而曹操用诚心对待别人,不为虚荣,忠诚、正直、有远见的人都愿意为他所用,这是道德上胜;袁绍见到人饥饿寒冷,忧虑就显现在脸上,而他所看不到的却忧虑不到,而眼前的小事对曹操来讲,有时会有疏忽,到了大事时,与四海的情况相连接,给他们恩赐,即使看不到,但忧虑都是完整的,这是仁胜;袁绍的大臣争权夺势,谗言迷惑造乱,而曹操用道德统治下士,邪恶的事不能行使,这是明智胜;袁绍无法分辨正确的和错误的,而曹操认为正确的就用"礼"来推行它,错误的就用法律来纠正它,这是文胜;袁绍善于虚张声势,不知道用兵的重要之处,而曹操用少克制多,用兵如神,士兵都依靠他,敌人害怕他,这是武胜。曹操有了这"十胜",所以击败袁绍没有什么可难的。细看这"十胜",更多的是情商高。

(四)杨修"聪明反被聪明误"

杨修是三国时期公认的"聪明人",建安二十四年(219 年),就在曹操和蜀军僵持不下之时,曹军主簿杨修,因一根"鸡肋"丢了性命。此后他便成了"聪明反被聪明误"的代表。确切地说,他是"高智商低情商"的代表。

杨修的特殊才华是对曹操意图的洞察力,用夏侯惇的话来说,就是"公真知魏王肺腑也"。杨修就像是一个高明的心理专家,在"众人皆醉"之时,他却可以"独醒"。他总是可以准确地掌握曹操的心理动态,在杨修面前,曹操所有的秘密都一览无余。曹操本来就生性多疑,他当然不愿意自己的部下将自己完全看透。在部下面前,曹操更愿意保持一种神秘感,因为只有这样他才能更好地控制自己的部下,而曹操的大部分部下对曹操的意图的确是常常摸不着头脑。可是,曹操的种种小把戏却无法瞒过杨修,本来杨修把握住曹操的意图也就罢了,他却不肯将之藏在心里,反而屡次把曹操的意图解释给别人听。这样一来,曹操作为主公的底牌暴露无遗。于是,当杨修再一次从一根"鸡肋"中看出曹操退兵的意图,并毫不顾忌地告诉夏侯惇时,曹操终于对杨修忍无可忍,以"乱我军心"为名,将杨修杀死。

可怜杨修智商超群,情商却是如此之低,看出主公意图还不分场合地四处传播,最终挑战曹操极限,下场可悲!

(五)刘备情商之高

刘备虽然是皇室后裔,但他穷困潦倒,无兵无地盘,大半生都寄人篱下,但依然有诸葛亮、庞统、关羽、张飞、赵云、马超等卓越超群之人追随,不管到哪儿,都能受到当地百姓的拥戴,不能不让人佩服他的高情商。下面选取两件事来看刘备情商之高。

1. 青梅煮酒论英雄

三国演义中,刘备几经周折投靠曹操时,与曹操关系很好。后来,刘备加入董承的反曹同盟,害怕被曹操发现,天天在家种菜,即便如此,还是被曹操叫去。曹操青梅煮酒论英雄,说:"今天下英雄,唯使君与操耳。"[①]当时闻名中原的有袁绍、袁术、刘表等,刘备只是寄人篱下的无名小卒。曹操竟然说"天下的英雄,只有我跟你呀",玄德闻言,手中所执匙箸惊落,担心被曹操识破心思杀掉。当时正值天下大雨,雷声大作,玄德乃从容俯首拾箸曰:"一震之威,乃至于此。"(刘备谎称被雷声所吓而掉了筷子)。曹操笑曰:"丈夫亦畏雷乎?"(曹操笑着说:"大丈夫还害怕雷声?")玄德曰:"圣人迅雷风烈必变,安得不畏?"(刘备说:"即使是圣贤,听到剧烈的雷声、猛烈的大风,脸色都会变,我怎么能不怕呢?")将闻言失箸缘故,轻轻掩饰过了。曹操觉得刘备不像传言中是大英雄,于是不再怀疑他了。从这里我们就看出了刘备的高情商,避开曹

---

① 《三国志》卷三十二《蜀书·先主传》,中华书局,1959,第875页。

操的注意,得以活命。

2. 阵中掷阿斗

当阳长坂坡之战是曹操、刘备两军的一次遭遇战,骁将赵云担当保护刘备家小重任。赵云拼死厮杀,七进七出敌阵终于寻得刘备之子阿斗,单枪匹马冲出曹军围堵,追上刘备,交还其子。刘备接子,掷之于地,愠而骂之:"为汝这孺子,几损我一员大将!"(刘备接过孩子,就把孩子摔到地上,生气地说:"为你这个孩子,几乎损伤我的一员大将!")赵云抱起阿斗,连连泣拜:"云虽肝脑涂地,不能报也。"(赵云感动得泪水涟涟:"我虽然肝脑涂地,也无法报答主公的器重。")刘备双手臂过膝,把阿斗扔在地上也摔不坏,为了收买人心似乎有作秀成分。在残酷的战场上,大将们必须和主帅同心协力,才有可能奋勇杀敌、转败为胜。刘备摔自己的儿子,其反应之快、动作之自然,的确真情流露,足以让现代人刮目相看,这个动作说明刘备爱惜大将胜过自己的儿子。赵云冒死救出阿斗,得到刘备这种坦诚态度,能不感动得热泪盈眶吗?众将士能不为之心服口服吗?如果刘备接过儿子先检查儿子伤着没有,或者埋怨赵云几句,就有可能得不到赵云和众将士的心。刘备的这种做法实在是情商极高,一语千金。

三、当代大学生低情商的表现

日常生活中,经常有这样的人:大家刚刚还聊得热火朝天,却在他进门的瞬间,整场"冷冻结冰",大家都各忙各的,避免与他交流,我们称这样的人为"冷场帝";别人兴高采烈地去跟他说一件事,却无端地想抽自己嘴巴:"我怎么想着去跟他说?"有他的地方,很容易让别人陷入尴尬甚至气恼的境地,所有人都提不起来精神做事情,做什么事都是一种煎熬。大家都不愿意与这样的人交往,这样的人通常情商极低。情商低的人往往自己还感到很委屈,因为他觉得自己说话都是"实话实说"。

说大实话的女生

一名女生第一次去男友家里,拎了不少补品过去,希望能给他的家人留下良好的第一印象。到了之后,她把补品递给男友母亲:"阿姨,您多吃点补品,不然肯定会生病。"

原本男友的母亲笑得亲切慈祥,听到这句话后,笑容顿时不自然起来。

巧合的是,一个月后对方真的生病了,她又买了一堆补品去医院探望,见面第一句话是:"阿姨,我上次就跟您说要多吃补品,不然会生病,您看,这下真的生病了吧?"男友赶紧把她拉出医院。一个月后,男友告诉她,妈妈不太喜欢她,还是分手吧!她无法接受,跑去问自己的朋友:"你说他妈妈怎么回事啊,我又是买补品,又是去医院看她,她凭什么还不喜欢我啊?"她朋友深知同学不会说话这一毛病,就叫她改一改,她一扬脖子说:"我说的都是大实话啊,你看,应验了吧,果然生病了,她应该感激我……"

口无遮拦的教授

在某大学,有一名教授,其本科、硕士、博士都是毕业于国内一所著名高校的。在她眼里,她的母校是至高无上的,其他大学完全只能望其项背,至于其他大学的学生,和她母校的学生根本不在一个层次。平时给学生上课时,三句话里必带该学校名字，比如："如果你们当初好好学习，就能考到某某大学，就因为你们不刻苦努力，所以只能上破学校。"

由于对这位教授的抵触，班上好多同学都不愿意听她讲课，或者看杂志，或者玩手机，她看着一副恨铁不成钢的样子："你看看你们，像什么样子？在某某大学是绝对不可能出现你们这种情况的，我在某某大学的时候……"

后来有一次，一位同学上课睡觉，该教授把他叫起来提问，他答不出来。她痛心地说："你们的学风实在太差了，在我们某某大学……"这位同学大概有"起床气"，很不耐烦地回敬道："你们大学，某某大学那么好，你怎么不去那儿当教授，跑到我们这里来教我们这群垃圾学生干什么？"她愣了10秒钟，拍着桌子说："在我们某某大学，绝对不可能有学生顶撞教授的事情发生，你们真是不可救药。"于是，很多同学抱起课本，直接走出了教室……

实话实说的工科男

有一个建筑学专业的本科毕业生，在建筑行业正好的时候加入了茫茫的应聘大军。一次，一个某知名建筑公司招聘时，这个学生连午饭都没吃就等待着招聘公司的到来。招聘单位到来后，他第一个把简历递交上去，向招聘的人事部门主管表达了自己对该公司的敬仰和想加入公司的强烈意愿。

鉴于他的真诚，该公司主管非常重视，首先翻阅了他的简历，对他进行面试。翻阅他简历的公司副总发现，该生的简历上写着"……我对设计没有灵感……"。业务主管请他"谈一谈大学期间你最喜欢的专业课"，该生很豪迈地给出了答案"建筑力学"，业务主管继续问他："为什么喜欢建筑力学？"他回答:"因为在大学课程里面,建筑力学考试不及格,为了考试通过,我花费了很多的时间来学习和复习。"

人事部门主管提示他说:"你谈一下你做设计的体会吧?"该生撸起袖子说:"我觉得我对设计没有任何的灵感,每次老师布置做设计的时候,我都抓耳挠腮的,看了网上的很多资料,觉得这些设计都一样,没有什么特别的地方,有些设计太注重形式,我觉得设计出的作品是让人使用的,不能注重形式……"

面试的结果,可想而知。

在大学校园,还有很多情况也是低情商的表现:

1. 说话做事不考虑别人的感受

不考虑别人感受与心直口快是有很大区别的。情商低的人,往往出口伤人,若是有意为之,倒是还好,就怕连自己都意识不到。所谓言者无心,听者有意。比如,一群正常人和一个残疾人在一起,如果说话的人情商不高,言谈之中毫无顾忌,频频谈及相关残疾的词,别人跟他使眼色,倘若他能看懂眼色及时停止,也算有点情商,怕的就是他来一句"你瞪我干吗",弄得大家都很尴尬。

2. 不懂别人的拒绝,听不出别人话里的意思

中国人说话比较含蓄,有时想拒绝别人或是想终止一次谈话,会出于礼貌或面子不直接说出来,而是通过一个举动、言语表达出来。举个简单的例子,到别人家做客,到了吃饭的时间,主人说:"要不你就在这吃吧,别走了。"是吃还是不吃?答案当然是不吃!去拜访别人,到了吃饭的时间还没有离开,本身就是情商低的表现。

3. 不懂别人的欲言又止

听人讲话要看别人没说什么,而不仅仅听别人说了什么。比如,一个女生对男生 A 说,某某男生要约我出去吃饭,我之前拒绝过好几次了,这次可怎么办呢?其实,她更多的是表达对 A 的喜欢,出于女孩子的矜持,想试探 A 是否喜欢她。男生 A 就不能只听她说有男生约她吃饭,而是要听出她没说的"我喜欢你,你喜欢我吗?"

4. 控制不住自己的情绪,气急败坏,歇斯底里

在日常交往中,会有一些人、一些事,让人丧失耐心、怒火冲天。比如约会期间,男生被女生放鸽子,控制不住自己失落的情绪,气急败坏,说了女生一通,然后呢?就再也没有然后了……正确的做法,要表现自己绅士的一面,还要表达自己的态度。男生要有一点点生气,冷淡的态度:嗯,好。然后,在女生找你道歉的时候呢,给自己一个台阶,也给她一个台阶下。这样,既没有气急败坏,展示了绅士风度,又表达了自己的态度。

5. 过度依赖他人,没有自我

太多缺乏情感教育的人,不是依赖他人,就是依赖群体,而自我照顾的能力越来越弱,似乎只有在各种关系或者想象的关系中才能得以生存。比如在恋爱关系中,觉得此生非她不娶、非他不嫁,没了对方就活不下去,进而过分地控制对方,查手机、追踪查岗,让人窒息到想要分手。真正健康的感情,是相互促进、不彼此依赖。

6. 过于敏感,怕被伤害

有的人过于敏感,喜欢把一切往自己身上想,觉得自己一切的举动都会被别人批判,别人随便的一句话都能让他(她)心中泛起波澜;有时会把自己想得很糟糕,把别人想得很坏,觉得这个世界上没有人喜欢自己了,自负又自卑,特别容易难过,觉得别人的每一句话都有深意。比如有的学生看到班上几位同学一起聊天,听到她们说"……太小心眼儿……",没听到说的是谁,就觉得是在说自己,喜欢对不好的事情"对号入座",觉得都是指向自己,甚至敏感到不敢和别人、群体讲话,不敢参与,怕被别人伤害。

7. 不知道自己和别人到底想要什么

自己做事的目的和想要的结果不统一,也就是常说的好心办坏事。"我是为你好",这句令人生厌的话,大家都听过的吧。父母为自己的需要或者发脾气,打孩子骂孩子之前,都会带上这么一句。你给的,不一定是别人想要的,永远不要用自己的标准去衡量、评价别人的得失。比如有些男生不确定女生是否喜欢自己就当众表白,明显就是情商低。殊不知这件事情除了会给女生带来尴尬的道德绑架,其他没有任何的意义。对方想要的是苹果,你花光了所有的积蓄给她买了一车香蕉,你觉得她"应该"喜欢并感谢你的好意,还要给你回报?你可能会想"我对你这么好,你为什么不跟我在一起?"这就是情商低:你对她好,与她何干?

情商低的最直接表现就是人缘差,情商低的人不懂换位思考,没有同理心,也不懂得给别人留台阶,甚至不懂得相处中的起码尊重,没有人愿意结交时时戳人痛处的朋友;情商低导致成功难,一个缺少朋友帮助的人,即使能力再出众,也很难成就一番事业;情商低的人很难幸福,他们觉得周围的人都不理解自己,一两个人不理解,可以说是对方的问题,但如果人人都不理解,恐怕就要审视一下自身了。网上有无数吐槽奇葩的帖子,其实稍稍归类一下就会发现,80%的"奇葩事迹"都只体现了一个事实——情商低。

第四节　大学生对于情商的误解

情商的重要性已不言而喻,但是对情商的理解,还存在一定的误区。

误解1:情商高就是让所有人都喜欢

有一个学生问我,宿舍里有个同学在洗澡的时候一直不经他同意直接用他的洗发水,除此之外其他方面关系还都不错。但当他说明他不愿意让那个同学借用洗发水后被那个同学指责"太小气",并且不再和他说话了。这个学生很苦恼,问我他这么做是不是情商很低,情商高就应该把洗发水借给那个室友用?

我:"你觉得是他不和你说话难过,还是一直用你洗发水难过?"

学生:"都挺难过的。"

我:"哪个更难过呢?"

学生:"非要选的话,可能用我的洗发水更难过一点吧。"

我:"如果再次拒绝的话,你觉得你有办法不让他用你的洗发水而且还和你说话吗?"

学生:"我觉得不管我怎么说,他应该都会因为我不给他用洗发水生气的。"

我:"所以重新再来一遍的话,你还会拒绝他吗?"

学生:"会。"

我:"现在还觉得自己不借别人洗发水就是情商低吗?"

学生:"不觉得了。"

我们在生活中会碰到很多"得罪人"的事情,即使不得罪人,也并不会每个人都喜欢你,甚至你无意的一个眼神都会引起一些人的反感。遇到这种事情的时候,用不着过度担心别人讨厌自己是不是因为自己"情商低"。学会合理拒绝,合理表达自己的不悦,是你应该有的权利。当这些"得罪人"的行为是在你的意识内,你知道会有什么后果,并且愿意承担后果的时候,你的情商是在线的。

误解2:我不喜欢的就是情商低

很多时候,一个人抱怨另一个人情商低的时候,通常都是因为两人之间发生了某些冲突,双方对于彼此都有着其他期望,而对方却没有实现某种设想,或者做出了意外的举动。

比如刚才那个例子,被拒绝用他人洗发水的那位室友很可能就会觉得那位学生"不就是一点洗发水吗,至于吗?情商太低",而被借用了洗发水的那位学生可能会觉得其室友"怎么不经别人同意就用他人的洗发水啊,情商真低"。这是因为两人之间没有达成一个共同认定的"契约",对于个人边界的理解不同。而双方都没有明白彼此的个人边界在哪里,也都没有同理心,就会互相觉得"情商低"。

又比如说"他怎么会说那种话,真是情商低","说两句就生气了,情商真低"。如果前者说的话知道对方会生气,但达到了自己的某种目的,前者的情商不能算低;同理,如果后者表达出的愤怒可以让前者以后不要再说"这种话",也达到了自己的目的,并不能算是情商低。但如果是说了一些话,没有想到结果会变成那样,或者发火后就后悔了,觉得自己不该发火,这些才是"情商低"的表现。

误解3：情商高就是虚假圆滑

说到"情商高"，就会有人说："都是这些强调情商的人，让大家变得圆滑世故，让世间少了真诚直率，让说实话的人越来越少。"这也是典型的对"情商高"的误解。

虚假圆滑并不是情商高的表现，还有可能是情商低的表现。另外，"真诚直率"也很有可能并不是字面意义上的"真诚"和"直率"。很多人把想哭就哭、想笑就笑、想骂就骂、毒舌等作为"真诚直率"的反映，这些行为从某种意义上来说是失控的。想一下幼儿，不开心了就号啕大哭，因为他们缺乏自控能力，不知道如何调节情绪，也并不知道自己这种情绪表达会给他人带来什么样的影响。但因为他们是幼儿，大家能够理解这种行为，因为他们的大脑发育没有完成，并且还没有经过教育。然而当你已经成年，大脑发育完全的情况下，再如同婴儿一般想，以自己为中心，干扰他人的情绪和生活，并且不能够意识到这样会干扰他人，这就真的是某种意义上"情商低"的表现了。

附录：情商测试

评估情商，会让情商培养不仅仅停留在原地或美好的愿望上。当知道情商得分时，就会发现，对情商的体验是更为真实的、针对个人的，也更有助于认识自己的情商、提高个人的情商。下面是一组欧洲流行的测试题，可口可乐公司、麦当劳公司等世界500强众多企业，曾以此为员工EQ测试的模板，帮助员工了解自己的EQ状况。此测试共33题，时间25分钟，最大EQ为174分。

第 1~9 题：请从下面的问题中，选择一个和自己最切合的答案。

1. 我有能力克服各种困难：_____
   A. 是的　　　　　B. 不一定
   C. 不是的

2. 如果我能到一个新的环境,我要把生活安排得：_____
   A. 和从前相仿　　B. 不一定
   C. 和从前不一样

3. 人的一生中,我觉得自己能达到我所预想的目标：_____
   A. 是的　　　　　B. 不一定
   C. 不是的

4. 不知为什么,有些人总是回避或冷淡我：_____
   A. 不是的　　　　B. 不一定
   C. 是的

5. 在大街上,我常常避开我不愿打招呼的人：_____
   A. 从未如此　　　B. 偶然如此
   C. 有时如此

6. 当我集中精力工作时,假使有人在旁边高谈阔论：_____
   A. 我仍能用心工作　B. 介于 A、C 之间
   C. 我不能专心且感到愤怒

7. 我不论到什么地方,都能清晰地辨别方向：_____
   A. 是的　　　　　B. 不一定
   C. 不是的

8. 我热爱所学的专业和所从事的工作：_____

A. 是的　　　　　　B. 不一定

C. 不是的

9. 气候的变化不会影响我的情绪：_____

A. 是的　　　　　　B. 介于A、C之间

C. 不是的

第10~16题：请如实选答下列问题，将答案填入右边横线处。

10. 我从不因流言蜚语而气愤：_____

A. 是的　　　　　　B. 介于A、C之间

C. 不是的

11. 我善于控制自己的面部表情：_____

A. 是的　　　　　　B. 不太确定

C. 不是的

12. 在就寝时，我常常：_____

A. 极易入睡　　　　B. 介于A、C之间

C. 不易入睡

13. 有人侵扰我时，我：_____

A. 不露声色　　　　B. 介于A、C之间

C. 大声抗议，以泄己愤

14. 在和他人争辩或工作出现失误时，我常常感到震颤，精疲力竭，而不能继续安心工作：_____

A. 不是的　　　　　B. 介于A、C之间

C. 是的

15. 我常常被一些无谓的小事困扰：_____

A. 不是的　　　　　B. 介于A、C之间

C. 是的

16. 我宁愿住在僻静的郊区,也不愿住在嘈杂的市区:_____

    A. 不是的　　　　B. 不太确定

    C. 是的

第17~25题:在下面的问题中,每一题请选择一个和自己最切合的答案。

17. 我被朋友或同事起过绰号、讥讽过:_____

    A. 从来没有　　　B. 偶尔有过

    C. 这是常有的事

18. 有一种食物使我吃后呕吐:_____

    A. 没有　　　　　B. 记不清

    C. 有

19. 除去看见的世界外,我的心中没有另外的世界:_____

    A. 没有　　　　　B. 记不清

    C. 有

20. 我会想到若干年后有什么使自己极为不安的事:_____

    A. 从来没有想过　B. 偶尔想到过

    C. 经常想到

21. 我常常觉得自己的家人对自己不好,但是我又确切地认识到他们的确对我好:_____

    A. 否　　　　　　B. 说不清楚

    C. 是

22. 每天我一回家就马上把门关上:_____

    A. 否　　　　　　B. 不一定

C. 是

23. 我坐在小房间里把门关上,但我仍觉得心里不安:_____

　　A. 否　　　　　　B. 偶尔是

　　C. 是

24. 当一件事需要我做决定时,我常觉得很难:_____

　　A. 否　　　　　　B. 偶尔是

　　C. 是

25. 我常常用抛硬币、翻纸牌、抽签之类的游戏来猜测凶吉:_____

　　A. 否　　　　　　B. 偶尔是

　　C. 是

第 26~29 题:下面各题,请按实际情况如实回答,仅需回答"是"或"否"即可,在你选择的答案下打"√"。

26. 为了工作我早出晚归,早晨起床我常常感到疲劳不堪:

　　是_____　否_____

27. 在某种心境下我会因为困惑陷入空想,将工作搁置下来:

　　是_____　否_____

28. 我的神经脆弱,稍有刺激就会使我战栗:

　　是_____　否_____

29. 睡梦中我常常被噩梦惊醒:

　　是_____　否_____

第 30~33 题:本组测试共 4 题,每题有 5 种答案,请选择与自己最切合的答案,在你选择的答案下打"√"。

答案标准如下：

1. 从不 2. 几乎不 3. 一半时间 4. 大多数时间 5. 总是

30. 工作中我愿意挑战艰巨的任务。　　　　1 2 3 4 5
31. 我常发现别人好的意愿。　　　　　　　　1 2 3 4 5
32. 能听取不同的意见,包括对自己的批评。 1 2 3 4 5
33. 我时常勉励自己,对未来充满希望。　　　1 2 3 4 5

参考答案及计分评估：

计分时请按照记分标准,先算出各部分得分,最后将几部分得分相加,得到的那一分值即为你的最终得分。

第1~9题,每回答一个A得6分,回答一个B得3分,回答一个C得0分。计____分。

第10~16题,每回答一个A得5分,回答一个B得2分,回答一个C得0分。计____分。

第17~25题,每回答一个A得5分,回答一个B得2分,回答一个C得0分。计____分。

第26~29题,每回答一个"是"得0分,回答一个"否"得5分。计____分。

第30~33题,从左至右分数分别为1分、2分、3分、4分、5分。计____分。

总计_____分。

测试后如果得分在90分以下,说明EQ较低,常常不能控制自己,极易被自己的情绪所影响。很多时候,轻易被激怒、动火、发脾气,这是非常危险的信号——事业可能会毁于个人的暴躁。对于此,最好的解决办法是能够给不好的东西一个好的解释,保持头脑冷静,使自己心胸开阔。

如果得分在 90～129 分,说明 EQ 一般,对于一件事,不同时候的表现可能不一,这与个人的意识有关,比前者更具有 EQ 意识,但这种意识不是常常都有的,因此需要多加注意、时时提醒。

如果得分在 130～149 分,说明 EQ 较高,是一个快乐的人,不易惊恐担忧,对于工作热情投入、敢于负责,为人正直,同情、关怀他人,这是个人的长处,应该努力保持。

如果 EQ 在 150 分以上,那就是个 EQ 高手,善于处理生活中遇到的各方面的问题,认真对待每一件事情,其情绪管理能力强。

自知者不怨人,知命者不怨天。怨人者穷,怨天者无志。①

第二章　情商与自我认知

古希腊德尔菲神庙里的石碑上,刻着象征人类最高智慧的神谕:认识你自己。苏格拉底把这句箴言作为自己的哲学原则,告诫人们不要专注于对身外之物的追求,而应去改造自己的灵魂,追求真理和智慧,成为道德完善、真正的人。他认为,那些有自知之明的人知道什么东西适合自己,而且知道能够做什么和不能够做什么;通过做擅长的事情,既达到了目的又取得了成功。在古老的东方哲学中,人类自我认识之重要也早被提出。老子提出:"知人者智,自知者明。"孙子曾说:"知己知彼,百战不殆。"更有流传久远的谚语"人贵有自知之明"。可见,自知即认识自我是人们成功的关键,情商的提升也是建立在充分认识自我的基础之上的。

---

① 《荀子·荣辱》。

第一节 性格与情商

一、性格是什么

性格是一个人思想、情绪、行为与态度的总称,是表现人对现实的态度的个性特征。生活在现实社会中的每一个人,都会感受到社会现实对他的影响,并会对其进行特定的反应活动。如果这些反应活动取得了良好的效果,就能得到客观现实的积极强化,从而得以巩固和加强;如果这些反应活动产生了消极和不良的结果,就会遭到否定。长此以往,对客观现实给予的影响,人们会通过认识、情感和意志将自己的反应结构保留下来,逐渐形成一定的态度体系。如果某些反映结构已经巩固保留下来,成为经常采取的态度和相应的行为方式,就形成了一定的性格特征。

性格是复杂的心理现象,包含各个侧面,具有各种不同的性格特征。不少心理学者从性格的结构上进行分析。心理学家黄希庭在《普通心理学》中认为,性格有静态和动态特性两方面。

性格的静态特性包括:

1. 性格的理智特征,指的是一个人在认知活动中的性格特征,如认知活动中的独立性和依存性等。

2. 性格的情绪特征,指的是一个人的情绪对他的活动的影响,以及他对自己情绪的控制能力。

3. 性格的意志特征,指的是一个人对自己的行为自觉地进行调节的特征。良好的意志特征是有远大理想、行动有计划、独立自主、不受他人左右;不良的意志特征是鼠目寸光、盲目性强、随大流、优柔寡断等。

4. 性格的现实态度特征，主要指一个人如何处理社会各方面关系的性格特征，即他对社会、集体、工作、劳动、他人及对待自己的态度的性格特征。

性格的动态特性包括：

1. 各种性格特性之间有着一定的内在联系，性格静态特征的几个方面不是相互分离的，而是彼此关联、相互制约、有机地组成一个整体的。

2. 性格的各种不同的侧面，在各种不同的场合，有时以某个侧面表现出来，有时又以另一个侧面表现出来。

3. 性格的可塑性。性格是在后天环境中逐渐形成的，是人对现实的反应，决定了性格是可以调整的、可塑的。性格又具有系统性和典型性的特征，性格静态特征的几个方面是有机地组成一个整体的。一般来说，性格的态度特征是性格的核心，因为态度直接表现一个人对事物所特有的、比较恒常的倾向，同时它也决定了性格的其他特征。在分析一个人的性格时，一定要抓住他的性格的主要特征，由此可预见他的其他性格特征。现实生活中，人们称某某为热心的人，是因为他（她）的性格的系统结构上显示着"热心"，"热心"是他（她）的主要特征或中心特征。

在面对同一件事时，不同性格的人会有不同的处理方式。比如，当和朋友或家人生气时，有的人会跑到寂静的地方伤心、生气，过后好几天都生着闷气不理人；有的人则会和他们大吵大闹一番，然后有说有笑。性格没有绝对的好与坏，每一种性格都有它的优点和缺点。

二、性格的形成因素

关于人的性格形成的因素有各种不同的论述。黄希庭在其著作《普通心理学》中认为形成性格的因素有五个方面:性格形成的生物学条件、家庭因素、学校教育、文化社会因素、心理原因。普汶所著《人格心理学》也从五个方面论述人格的成因:遗传和体型成因、文化成因、社会阶层成因、家庭成因、其他成因与早期经验的影响。

总的来说,形成性格的因素有五个:(1)遗传因素,既包括生物学条件,又包括因先天造成的身体因素、气质、血型等;(2)环境因素,包括家庭、学校、社会以及自然环境;(3)文化因素,包括文化及阶级地位等;(4)意外因素,包括生活中突变事件及意想不到的刺激;(5)主体因素,就是个人心理、自我修养等主体主动的内在因素。

影响性格形成的五个因素相互作用,彼此相互关联,共同影响性格的形成,其中某一因素可能对性格形成的某个侧面或某个时期起着主导作用,但绝不是只有一个因素就能影响性格的形成。遗传和环境是性格形成的基础,它们的影响随着年龄的增长而减弱;文化对性格的影响,先随年龄增长而增强,到一定年龄阶段处于高峰期,高峰期以后又随着年龄增长而减弱;主体因素随年龄增长而增强;学龄前儿童性格的形成过程主要受遗传和家庭的影响;学龄期儿童性格形成过程则主要受文化的影响,走向社会后,性格主要受主体因素影响。

性格一词源于希腊语,意指经由雕刻所留下的痕迹、标志、记号,后来也用来表示被"雕琢"了的人的特点。这里实际上揭示了性格的一个非常重要的特征——性格是后天形成的，人生来就像一块白板一样，后天的经历和遭遇在这块白板上雕刻出了人的性格。因此，性格具有一定的可变性，它受后天教育和环境的影响，也会因为经历和遭遇的不同而改变。尽管性格可以因生活环境、学习经历等因素的变化而发生改变。但是，我们不得不承认一个事实：每个人自我塑造的可能性都是有限度的。性格的形成与人的成长关系密切。从婴儿时期，性格就已经随着人的成长而逐步形成，长大之后更多的是沿袭幼时对事物的反应，是一种"习惯性反应"，这种反应到一定年龄将不易改变。因此，一个人潜在的性格特征在一定程度上也是持久不变且与众不同的。

三、性格的类型

按理性、感性、内向、外向来分，人的性格可以分为四种类型：活泼型，完美型，力量型，和平型。

（一）活泼型性格

活泼型的性格特征：外向且乐观；给人好感；健谈；乐于与人交往；聚会的灵魂；幽默感强；能绘声绘色地叙述多姿多彩的生活花絮；容易情绪化；感情外露；热情洋溢；好表现；做事有兴奋度但不长远；对事好奇；能够从任何事情中发掘出兴奋点；天生适合舞台；天真无邪，是永远长不大的孩子；现实性强；性情善变；喜欢即兴的活动。这种性格类型的人工作主动；喜欢新鲜事物；注重表面；富有创造性；积极乐观；充满干劲；闪电式的开始；喜欢鼓励他人做某事；懂得把工作变成乐趣，吸引他人一起工作。活泼型性格的人行事决策大胆、快速，偏好新方案，凭直觉；追求获得赞扬、受欢迎、别人的认同,担心失去声望。

刘备就是活泼型性格的典型人物。活泼型性格的刘备是一个天才的演员。虽然戎马一生,但他却最不会打仗;尽管被称"皇叔",但他最提不起来的就是自己的出身。可这丝毫不影响他的人格魅力,而且他理直气壮,从不以此为耻。他内心真挚,感情外露,有人缘,能够鼓励和带领他人一起工作,一辈子轰轰烈烈,极富戏剧性人生。和刘备一样,活泼型性格的人活跃、热情奔放,喜欢营造一种热热闹闹、洋溢着浓郁人情味的现场氛围,常常是聚会的中心人物,喜欢赞美别人和接受赞美,喜欢送礼和接受礼物,很容易和别人交上朋友。善于在工作中寻找乐趣是活泼型的典型性格特征之一,与活泼型的同事相处,会感到轻松、愉快和一种被关怀的温暖。

(二) 完美型性格

完美型的性格特征:善于分析;深思熟虑;严肃,有目标;有天分和能力;富有创造力;富有音乐艺术细胞;文静,随和,喜欢独处;生活富有诗意,追求完美;对他人他事反应敏感;有自我牺牲精神;有责任心;理想主义者;会为生活做长远且最好的安排。这种性格类型的人对工作预作计划;注重细节;善始善终;有条理有组织;完美主义者;高标准;整洁清楚;讲求经济效益;善于发现问题;有创造性的解决方法;勤俭节约;善用图表、数据、目录,善于分析问题。完美型性格的人行事决策优柔寡断,讲究逻辑,喜欢研究不同方案;一生都在追求进步,担心受到批评与非议。

诸葛亮是完美型性格的典型人物。诸葛亮的兴趣在于思考人生的价值,他用尽一生的精力,把自己的职业生涯打造得完美无缺。如果不是刘备三顾茅庐,诸葛亮很可能会成为一名伟大的诗人、文学家或思想家。尽管如此，他的一篇《出师表》仍然让许多文学家为之自惭。和诸葛亮一样，典型的完美型人往往着眼于长远的目标。他们比其他性格类型的人想得更多，总是能够从一个更高的层面来看问题，有着异乎常人的天赋，因而表现出音乐、哲学、艺术等多方面的才华。这种性格类型的人识英雄，颂英雄，为感情落泪，崇尚美德，并且孜孜不倦地探索人生的意义，乐于为自己选择的事业做好规划，并确保每个细节都能做到完美无瑕。

（三）力量型性格

力量型的性格特征：天生领导者；活力充沛、积极主动；急迫需要改变；意志坚强、果断；不易气馁，越挫越勇；自立自足；不容他人有错，自己有错不容易认错；不愿意道歉；非常情绪化；充满自信，有独立运作的能力。力量型性格的人控制欲很强，喜欢当老大，性格比较刚烈，他有不二定律："现在就按我的方式去做！"这种类型性格的人工作目标明确，纵观全局；善于管理，寻求实际的解决方法；行动迅速；设定目标；促成行动。力量型性格的人行事决策现实、独立，愿冒一定的风险，偏好有效方案；追求胜利、成功感，担心被驱动、强迫。

曹操是力量型性格的典型人物。"说曹操，曹操到"这句俗语，说明了曹操那种雷厉风行的行动力。他似乎拥有某种神秘的力量，总是能够做到言必行、行必果。和曹操一样，这种性格的人比其他性格类型的人更加崇尚行动，通常是组织中的铁腕人物，目光所向，无坚不摧。力量型性格的人在意工作的结果，对过程和人的情感却不大关心；喜欢控制一切，并强硬地按照自己的意愿发出指令，给人的感觉是霸道、粗鲁、冷酷无情。

（四）和平型性格

和平型的性格特征：性格低调；和气易相处；轻松没压力；平静，镇静，泰然自若；有耐心，易适应；一成不变的生活方式；平静但诙谐；说话幽默（逗他人笑自己却不笑）；仁慈善良；隐藏内心的情绪，乐天知命。这种性格类型的人工作上是可靠之人；和平无异议；有行政能力；有调解问题的能力，避免冲突，善于面对压力；寻求容易的解决方法。和平型性格的人行事决策偏好附和团体意见，关心决策对人的影响；追求团结、归属感，担心突然的变革。

孙权是和平型性格的典型人物。小霸王孙策临终前曾这样对他的弟弟说："若举江东之众，决机于两阵之间，与天下争衡，卿不如我；举贤任能，使各尽力，以保江东，我不如卿。"①孙权继位之后，果然不负兄长所望，表现出了良好的行政管理能力，把江东治理得井井有条。在那个军阀割据、战火纷飞的时代，孙权最令人欣赏的优点就是能够在风暴中保持冷静。正是在他的支持下，孙刘联军发动了历史上著名的赤壁大战，一举挫败了曹操的80万大军。和孙权一样，和平型性格的人总是友善而又平静，以至于能够接纳所有的麻烦。一方面，他们习惯于遵守既定的游戏规则，习惯于避免冲突和考虑立场；另一方面，也能够耐心地应对那些复杂多变的局面。在组织内部，他们是所有人的好朋友，善于倾听和关心他人的天赋，为他们造就了良好的人际关系。当风暴来临的时候，他们往往是情绪内敛的乐天派，能够很好地帮助组织稳住阵脚。

活泼型性格的人认为一因多果，做一件事，会有不同结果，有

---

① 罗贯中：《三国演义》第二十九回《小霸王怒斩于吉 碧眼儿坐领江东》，中华书局，2005，第165页。

可能这样,也有可能那样,所以他们是经常变,变的是结果,明明答应过的事,过两天就忘了。力量型性格的人认为一果多因,一个结果,可用多种方法,可以这样做,也可以那样做,所以他们也经常变,变的是方法,明明教别人这样做,过两天要人那样做。完美型性格的人认为一因一果,做一件事,只有这一个方法,而且必须按照这个方法去完成,喜欢做计划、做表格、制定规范,很难接受别人的意见。和平型性格的人认为无因无果,任何事情,这样也好,那样也好,这样做也行,那样做也行,口头上应和,心里觉得不一定,如果大家都这样,我就这样,大家都那样,我就那样。力量型性格的人注重要做就做,完美型性格的人是做就做好,活泼型、和平型性格的人重在做人。

举一个简单的例子,有栋住房起火了,不同性格类型的人反应迥异。

活泼型性格的人会大叫:"不得了啦,起火了!"

完美型性格的人会思考:是什么原因起火了,是电线短路还是厨房着火?

力量型性格的人会行动:关掉电闸,找到灭火器,马上去灭火!

和平型性格的人会旁观:反正有人会报警,消防队马上会到,不用那么急吧。

不同性格类型的人对事情的看法和处理方式也不一样。

每种类型都有它的优缺点,如下表所示:

类型/特征	优 点			
	活泼型	完美型	力量型	和平型
1	生动	善于分析	富于冒险	适应力强
2	喜好娱乐	坚持不懈	善于说服	平和
3	善于社交	自我牺牲	意志坚定	顺服
4	令人信服	体贴	竞争性	自控性

续表

	优点			
类型/特征	活泼型	完美型	力量型	和平型
5	使人振作	受尊重	反应敏捷	含蓄
6	生气勃勃	敏感	自立	满足
7	推动者	计划者	积极	耐性
8	无拘束	按部就班	肯定	羞涩
9	乐观	井井有条	坦率	迁就
10	有趣	忠诚	强迫性	友善
11	可爱	细节	勇敢	外交手腕
12	令人高兴	文化修养	自信	贯彻始终
13	激励性	理想主义者	独立	无攻击性
14	感情外露	深沉	果断	尖刻、幽默
15	喜交朋友	音乐性	发起者	调解
16	多言	考虑周到	执着	容忍
17	活力充沛	忠心	领导者	聆听者
18	惹人喜爱	制图者	首领	知足
19	受欢迎	完美主义者	勤劳	和气
20	跳跃型	规范型	无畏	平衡

	缺点			
类型/特征	活泼型	完美型	力量型	和平型
1	露骨	忸怩	专横	乏味
2	散漫	不宽恕	无同情心	无热忱
3	唠叨	怨恨	逆反	保守
4	健忘	挑剔	直率	胆小
5	好插嘴	无安全感	急躁	优柔寡断
6	难预测	不受欢迎	不善表达	不合群
7	即兴	难于取悦	固执	犹豫不决
8	放任	悲观	自负	贫乏
9	易怒	不合群	好争吵	无目标
10	幼稚	消极	鲁莽	冷漠
11	虚荣	不喜交际	工作狂	担忧
12	喋喋不休	过分敏感	不圆滑、老练	胆怯
13	生活紊乱	抑郁	跋扈	怀疑
14	反复无常	内向	排斥异己	无异议

续表

类型/特征	缺点			
	活泼型	完美型	力量型	和平型
15	杂乱无章	情绪化	喜操纵	言语不清
16	好表现	猜疑	顽固	缓慢
17	大嗓门	孤僻	统治欲	懒惰
18	不专注	多疑	易怒	拖延
19	报复型	勉强	烦躁	轻率
20	善变	好批评	狡猾	妥协

四、性格与命运

性格关系着安身立命和生死荣辱，优良的性格会助人走向成功，糟糕的性格却会阻挡机会，甚至危及生命。三国历史人物中，刘备出身贫寒，势小力薄，却能在强手如云的三国时代争得一席之地，这与刘备的真诚宽厚、仁爱爱民、重情重义、肝胆相照、礼贤下士、用人不疑的性格有很大关系。

真诚宽厚、仁爱爱民 刘备在任职平原相时，将府中的财物施舍给百姓以度饥荒，自己在府中和一般办事人员同席同食，无所简择。所以，大家都归附他、爱戴他，起事之初就很得人心，也给他造就了很高的威望，大商人张世平、苏双给刘备提供了大笔资金。后来曹操攻打樊城，追击刘备于襄阳，刘备在自身都很难保的情况下，还要带10万余百姓一起走，更可见他的仁爱爱民。

重情重义、肝胆相照 陶谦有意将徐州托付于刘备，刘备坚辞不受，直到第三次陶谦在临终前将徐州再次交付于刘备时，刘备才肯接受。关羽被孙权杀害，刘备为给关羽报仇，发兵东吴，虽然最终以失败告终。但是，从这些事，我们可以看出刘备真情真义的好男儿写照。

礼贤下士、用人不疑 建安十二年，时为左将军领豫州牧、年已47岁、被视为天下大英雄的刘备，满怀诚意，三顾茅庐，请年仅27岁、无名无位、尚未建立任何功业的诸葛亮出山辅佐，留下千古美谈。隆中对策时，诸葛亮称赞他"信义著于四海，总揽英雄，思贤如渴"，此后，诸葛亮"鞠躬尽瘁死而后已"，协助刘备成就了霸业，建立了蜀汉。刘备在用人、待人上尤为心诚、情真，身边云集了诸葛亮、庞统、法正、关羽、张飞、马超、黄忠、赵云、魏延等谋士和武将，并对他死心塌地、忠心耿耿。君臣相处得如同朋友般肝胆相照，相互信任，始终不渝，有同命运、共呼吸的真挚情谊，这在那个"君君臣臣、父父子子"的时代真是相当难得的。刘备的性格决定了尽管他屡战屡败，大半生都在寄人篱下，但他却有着很好的口碑，不管到哪个地方，都能既得当地豪绅之心又得民心，有大批忠义之士生死相随，最终建立了蜀汉政权，与曹魏、孙吴三分天下，鼎足而立，成就了一番伟绩。

三国前期的袁绍，是最具实力的诸侯，最终被曹操消灭而取代，这与袁绍的自负、目光短浅、好谋无断、多疑、不会识人用人也是密不可分的。

自负、目光短浅 东汉末年，灵帝去世后，士人和宦官的矛盾白热化。大将军何进杀宦官头目之一蹇硕，袁绍劝他杀掉所有宦官，为防止何太后反对，袁绍出主意召四方猛将入京，以威逼何太后，董卓就这样来到了京城。从此事可见袁绍目光短浅，"请神容易送神难"，解决宦官问题，只需杀几名为首的宦官头领即可，何需召外将入京呢？况且还是召董卓这种恶名在外的凶神？董卓进京后，皇帝被废，何太后被杀，洛阳变成火海废墟。

后来以讨伐董卓、匡扶汉室为名的"关东义军"推举袁绍为盟主。董卓废立皇帝后，汉献帝流落在外，窘迫不堪，曾有人劝袁绍迎立汉帝，但袁绍一想到有了皇帝之后便需要事事请示汇报，行事不便，就犹豫了。他想"另立皇帝"，建立一个流亡政府，将来如果流亡政府取代了中央政府，他就是"中兴之臣"。但袁绍的如意算盘打错了。另立皇帝没立成，关东义军内讧，反倒是曹操成功地将汉献帝迎奉到自己的根据地许县，"奉天子以令不臣"，不但没有损失，还得到了很多的土地和关中人民的归附，成了匡扶汉室的大英雄，将所有反对派置于不仁不义、反对朝廷的不利地位。

好谋无断 官渡之战前，曹操在兵力少于袁绍的情况下，又忙里偷闲和刘备打了一仗，当时曹操阵营的人都说，和您争天下的是袁绍，怎么去打刘备呢？曹操回答，刘备是真正的人杰，现在不灭了他，后患无穷。大家担心如果袁绍大兵压境，袁绍会在曹操去打刘备的时候抄了曹操后路，而曹操认为袁绍"虽有大事而见事迟"，他一定不动。果然，曹操俘虏了关羽和刘备的家小，袁绍仍然按兵不动。当时袁绍的谋士田丰曾建议袁绍趁机袭击曹操，袁绍却因宠爱的小儿子生病，不肯出兵，丧失了良机。

多疑、不会识人用人 袁绍用人的标准很简单，就是个人好恶，谁经常奉承他，他就喜欢谁，谁提意见，他就讨厌谁。官渡之战前，田丰因给袁绍提意见被下狱，沮授提意见他也不听。袁绍进军黎阳，派颜良攻白马，沮授提醒他颜良性情急躁，沉不住气，虽然骁勇，却不可独当一面。袁绍不听，结果颜良被杀。曹操还军官渡，沮授劝袁绍屯兵延津，兵分官渡，如果官渡告捷，延津的大队伍再去，如果前方失利，还会有个退路，但是袁绍不听，结果被曹操拖进泥潭。曹操奇袭乌巢，沮授建议派蒋奇率一支队伍断其后路，袁绍还是不听，结果一把火烧光了所有的本钱。一心一意为袁绍谋划的沮授，因和郭图意见不一，郭图就向袁绍说沮授"兼统内外，威震三军"，如果不控制一下，恐怕将来尾大不掉。袁绍马上起了疑心,不但削弱沮授的兵权,而且不再听他的,导致兵败。兵败后,又杀了因提不同意见的田丰来解气。

袁绍性格上的缺陷,决定了他尽管将强兵多、物资富饶、盛名在身,却早早谢幕,未能登上三国英雄榜。

五、情商与性格

(一)高情商助人知己知彼、"扬长避短"

了解自己的性格,是判断情商高低的关键。好性格成就人的一生,坏性格毁掉人的一生,情商是正确处理人际关系的一种本领,性格是处理自己内心想法的一种意识。了解自己的性格,克服性格自身特征与所处环境对性格表现的要求之间的矛盾,就是一个人高情商的体现。知道自己性格上的劣势,理智地控制和克服,就会促进情商的提升;反之,在培养、提高情商的过程中,也能发现自身性格的劣势,进而调整自己的性格表现。一个人的性格很难改变,而且每一种性格都有它的适用性和劣势,在提高情商时要做的就是清楚地看到当下需要的性格表现,并且调整自己的表现。

刘备真诚宽厚、仁爱爱民、重情重义、肝胆相照、礼贤下士、用人不疑,但是人们很难知道,刘备真的就是如此,还是他高情商地知道自己需要有此种性格表现。作为一个英雄,《三国演义》一开头介绍刘备"喜怒不形于色,素有大志",说他有政治远见,比别的统治者更懂得"举大事者必以人为本",而且他非常机智,能屈能伸,不随意流露自身情绪,能竭力隐藏自己的真实想法,更多地从"大志"出发,思考自身的言行。刘备真诚宽厚、仁爱爱民的性格表现,与他的政治背景、环境和阶级地位有关。他既没有过硬的军事实力又没有广大的领地,既无"天时",又无"地利",只能求"人和"一条。他懂得"得人心者得天下"的道理,所以,刘备为政在宽,史无苛敛记载;携民渡江时,后有追兵,从众达10余万人,辎重数千辆,严重拖累了行动速度,情势危急,左右劝其弃众而往江陵避难。他毅然说:"夫济大事必以人为本,今人归吾,吾何忍弃去!"短短一句话,反映了他图谋大事的民本思想,对其以后的发展和历史评价都产生了积极影响。这也是刘备高情商的性格表现,如果此时他弃民而去,固然自己脱身较易,但他从此失去了民心,也失去了"世之黄童,白叟,牧子,樵夫皆知其名,真当世之英雄也"的美誉。

  谋立大业的历史人物,很少将信义作为目的而信守不变。对他们来说,信义自始至终都是为了争取人心,进而达到政治目的的手段。刘备也不例外,他重情重义,但不依此为圄,从另一个角度看,他是一个诡诈有加、很不讲信义的人。他被曹操打败,只身投靠冀州,答应袁绍招关羽来归,结果是他使奸计欺骗了袁绍;他曾依托吕布、曹操、刘表、孙权,都能逢凶化吉、随机应变存其身;在战场上,刘备几乎每次败阵都是只顾自身逃命而不顾妻小和众人,曹操给刘备的评价是:"沛县小辈,妄称皇叔,全无信义,所谓外君子而内小人者也。"刘备曾对刘表说:"备若有基本,何虑天下碌碌之辈耳!"听得刘表"忽然变色",这证明刘备一再谦让不受徐州、荆州等地,不是他真心不想要,而是怕引起世人嫉恨而招祸。不利的政治环境迫使刘备在世人面前戴了一副假面具,将真实的东西深藏心底。赤壁之战创造了有利的军事形势后,刘备便不再遮遮掩掩、谦恭礼让,他曾对诸葛亮说:"刘备孤穷一身,四海无置足之地,若得南郡,权且容身。"断然决定与周瑜展开争夺战。刘备在荆州得手后又发起夺取益州之战,攻下涪城,设宴劳军,带酒顾庞统曰:"今日之会,可为乐乎!"庞统曰:"伐人之国而以为乐,非仁者之兵也。"刘备大怒曰:"吾闻昔日武王伐纣,作乐象功,此亦非仁者之兵欤?汝言何不合道理,可速退!"①虽然是酒后之言,但足见刘备今非昔比。刘备性格表现中最突出的方面都是在"人"上下功夫,他很懂得利用"人心"为自己挣来地盘、物力、财力,一步步走上"称帝"。

了解别人的性格,是发挥高情商的体现。每个人由于受自身性格的影响,动作举止、穿戴等会形成比较固定的模式,了解别人的性格,就能预先推测别人的心理和行为,促进人际关系的和谐、事情的进展,这些都是一个高情商的人应该具有的能力。了解家人、朋友和同事的性格,在交往中增加自己的人脉指数;了解客户的性格,能更好地抓住客户心理。东汉末年,曹操作为实权拥有者,就做到了知人善任,他知道崔琰、毛玠清廉正派,就让他们选拔官吏;枣祗、任峻任劳任怨,就让他们负责屯田。由于曹操各用其长,东汉末年乱世中,民生才有了暂时的休养生息。洪迈在《容斋随笔》中对曹操的用人也有这么一个评价:"智效一官,权分一郡,无小无大,卓然皆称其职。"②

(二) 针对不同性格的人,怎样高情商地对待

与活泼型性格的人一起快乐,要表现出对他们个人有兴趣。对他们的观点和看法,甚至梦想表示支持;理解他们说话不会三思,容忍他们离经叛道、新奇的行为;要热情随和、潇洒大方一些;协助他们提高形象;细节琐事不让他们过多参与;要懂得他们是善

---

① 《三国演义》第六十二回,中华书局,2005,第346页。
② 洪迈:《容斋随笔》卷十二,上海古籍出版社,2015,第85页。

意的。

与完美型性格的人一起统筹,做事要周到精细、准备充分。要知道他们敏感而容易受到伤害,提出周到、有条不紊的办法;更细致、更精确和理智;列出计划的长、短处;要务实,不要越轨;遵循规章制度;要整洁。

与力量型性格的人一起行动,讲究效率和积极务实。承认他们是天生的领导者,表示支持他们的意愿和目标;从务实的角度考虑,坚持双向沟通;要具有训练有素、高效率的素质;方案分析简洁明确,便于选择;开门见山,直切主题;重结果与机会,不要拘泥于过程与形式。

与和平型性格的人一起轻松,使自己成为一个热心、真诚的人。要懂得他们需要直接的推动;帮助他们订立目标并争取回报;迫使他们做决定(这是他们决定的方式);主动表示对他们情感的关注,不要急于获得信任;有异议时,从感情角度去谈;积极地听,鼓励他们说。

第二节 能力与情商

一、能力的定义

能力是指能够做什么,是完成一项目标或任务所体现的综合素质,能力是直接影响活动效率并使活动顺利完成的个性心理特征。简单地说,能力是指一个人做事的本领。能力高的人,能做成的事情比较多,能力低的人,能做成的事情比较少。一个人具有顺利完成某种活动的能力,是保证该活动取得成功的基本条件,但不是唯一的条件。如果一位歌唱家的自身嗓音条件使他可以很好地演唱某首歌曲,但是他演出前不认真排练,演出时心理上过于紧张、健康状况欠佳、场地音响出现问题等,都会影响演出的效果。人的能力有很多种,辛迪·梵(Sidney Fine)和理查德·鲍尔斯(Richard Bolles)将能力分为三种类型:专业知识能力(K)、自我管理能力(T)和可迁移能力(S)。① 人与世界互动的界面是KTS,人与人有互动,全赖价值共享(或互换),而这个价值共享的过程就是展示个人KTS的过程。有人愿意与他人为友,要么对方有足够的知识值得学习,要么对方有丰富的技能可以助人以力,要么对方有优秀的品质吸引人平和。一个人人脉的范围、人脉的能量,其实都源于自己的KTS水平。

在现实生活中,别人为什么愿意跟他人相处?不外乎有以下原因:

第一,有"德"。一个人对人真诚、为人厚道、心地善良,有规矩、有方圆、有礼貌、有爱心,别人与他相处感到温暖、放心。

第二,有"用"。一个人能带给别人实用价值,为别人解决实际问题,别人与他相处能得到解决问题的途径和方法。

第三,有"量"。一个人能倾听别人的想法并发表有价值的见解,能充分认可别人的价值、欣赏别人的特色,跟他相处能开阔眼界,放大格局。

第四,有"趣"。一个人能带给人愉快的心情,别人跟他在一起能感到快乐、阳光。

第五,有"心"。一个人懂得用情、用心交朋友,能做别人心灵

---

① 钟谷兰、杨开:《大学生职业生涯发展与规划》,华东师范大学出版社,2008。

的栖息地。

上面这"五有",可以总结为一个人的 KTS。

二、能力的分类

(一)专业知识能力

专业知识能力是个人学习的科目、懂得的知识,是具体的、专业化的,针对某一特定工作、需要通过教育或培训才能获得的基本技能。它常常与一个人的专业学习或工作内容直接相关,需要经过有意识的、专门的培训,具体包括以下几方面:

1. 在高中、大学或研究生阶段学习到的具体的学科知识,如结构工程、会计学、电脑技能、心理学、地理学等。

2. 在实习、工作中学到的,如机器操作、机构运作、电脑处理各种事务等。

3. 从会议、辅导班、培训班、研讨会中学到的,如求职技巧、绘画、人事管理制度等。

4. 通过阅读、看电视、互联网等学到的,如艺术鉴赏、历史、语言类课程等。

5. 休闲时学到的,如风景摄影、旅游体验、野营方法等。

(二)自我管理能力

自我管理能力是个体依靠主观能动性,按照社会目标,有意识、有目的地对自己的思想、行为进行转化控制的能力,经常被看作个性品质,被用来描述或说明人具有的某些特征,可以从非工作领域转换到工作领域。自我管理能力与如何与人相处、如何维持生活、如何管理和维护自己(在穿衣、吃饭、清洁、时间管理、睡眠和住房等方面)、如何应对权威以及如何应对环境等相关。它们是成功所需要的品质,是个人最有价值的资产。

自我管理能力包括自我心态管理能力、自我心智管理能力、自我形象管理能力、自我激励管理能力、自我时间管理能力、自我人际管理能力、自我目标管理能力、自我情绪管理能力、自我行为管理能力、自我学习管理能力、自我反省管理能力。自我管理能力反映了个体在不同的环境下如何管理自己:是做事认真还是敷衍了事,是勇于创新还是按部就班,面对压力是沉着镇定还是焦躁不安,对工作、生活是激情满满还是死气沉沉,是自信还是自卑,等。

(三)可迁移能力

可迁移能力是指那些与某项具体的工作没有必然关联性的、能够从一份工作中转移运用到另一份工作中的、可以用来完成许多类型工作的技能。可迁移能力可以从生活中的各个方面,特别是工作之外得到发展,可以迁移应用于不同的工作之中。学习是一个连续的过程,在这一过程中,任何学习都是在学习者已经具有的知识经验和认知结构之中,已经获得的动作技能、习得的态度等基础上进行的;而新的学习过程及其结果又会对学习者原有的知识经验、技能和态度甚至学习策略等产生影响,这种新旧学习之间的相互影响就是学习的迁移。

迁移是人在学习中最常见、最重要的一种心理现象,任何有意义的学习,无不存在着迁移现象。迁移的本质,实质上是两种学习之间在知识结构、认知规律上相同要素间的影响与同化。社会上公认的4种主要的可迁移性能力:

1. 交流和表达技能(口头、书面和图解);

2. 团队工作和人际能力；
3. 组织管理和计划能力；
4. 思维能力和创造能力。

大学生在校期间要注意培养自己的可迁移能力。

大学生常见的 8 大可迁移能力(如下表)：

		对可迁移能力的解释	可迁移能力的培养途径
对人	交流表达	通过口头或书面语言形式以及其他适当形式，准确、清晰表达主体意图，和他人进行双向(或者多向)信息传递，以达到相互了解、沟通和影响的能力。	面试、演讲、辩论比赛等；文章、网文、PPT 等。
	与人合作	在实际工作中，充分理解团队目标、组织结构、个人职责，在此基础上与他人相互协调配合、互相帮助的能力。	组织协调大型活动，学生会、社团活动；高难度沟通。
	外语应用	在工作和交往活动中实际运用外国语言的能力。	英语级别；留学、游学经历；现场口语。
自我管理	自我提升	在学习和工作中自我归纳、总结，找出自己的强项和弱项，扬长避短，不断自我加以调整改进的能力。	自我超越事件，个人成就事件；一段难忘的学习、工作经历。
	解决问题	在工作中把理论、思想、方案、认识转化为操作或工作过程和行为，以最终解决实际问题、实现工作目标的能力。	解决技术难题，解决社交或人际困境；就某社会问题有自己的解决方法。

续表

		对可迁移能力的解释	可迁移能力的培养途径
对事	革新创新	在前人发现或者发明的基础上,通过自身努力,创造性地提出新的发现、发明或改进革新方案的能力。	解决学术难题;新颖但专业的方式求职;企业问题的全新创意解决。
	信息处理	运用计算机技术处理各种形式的信息资源的能力。	做份好简历;企业、职业信息收集处理分析;计算机认证。
	数字运算	运用数学工具,获取、采集、理解和运算数字符号信息,以解决实际工作中的问题的能力。	专业成绩;参与数字相关研发项目;对社会问题的建模及分析。

三、情商与能力

个人的情商培养,是建立在对自身的能力有客观的认识和评价的基础之上的。任何脱离了自身能力的情商培养都是邯郸学步,形成"情商""个人"两张皮。能力强、情商高,人容易成功;能力低、情商高,人可以过得幸福,被人接受;能力高、情商低,人容易失败,郁郁寡欢,感觉到英雄无用武之地;能力低、情商低,则会被人厌恶。三国历史上,吕布、关羽、张飞、赵云都是一流的武将,在能力方面,无论个人武力还是带兵打仗,都不相上下。然而,不同性格造就的情商,决定了他们的结局迥异。

吕布的问题是没有跟领导搞好关系。杀丁原、诛董卓,都是对东家下手,落得"三姓家奴"的称号。后来白门楼被缚,对曹操乞求活命:"愿竭股肱之力,为公前驱,则天下不足忧。"论能力,吕布这话是没问题的,而且吕布骑兵天下无敌,曹操也是动心的。就在曹操举棋不定问计于刘备时,这位仁义大度的刘玄德一句"公不见丁建阳、董卓之事乎?"就把吕布彻底送上了黄泉路。吕布能力强,曹操自己不能用,又不能放走,只能杀掉。殊不知,此前在徐州,刘备收留了吕布,而吕布趁刘备出战袁术,暗算刘备,袭取徐州,害得刘备无家可归。可见,能力再强,对人不忠诚,让人不放心,也是万万不可的。

关羽的问题是未跟同僚搞好关系。关羽与刘备为结拜兄弟,后来从曹营亡归刘备,忠诚方面没问题。论能力,关羽斩颜良诛文丑,过五关斩六将,以北来之将统领荆州水军,后来刘备入川又镇守荆州,在当时的武将中他是一流水平。但是关将军"善待卒伍而骄于士大夫"①,虽然跟下属关系不错,但他看不起同僚。刘备封关羽、张飞、马超、黄忠、赵云为五虎将,诰命送至荆州,关羽看到黄忠也在五虎将之列,怒曰:"翼德(张飞)吾弟也;孟起(马超)世代名家;子龙(赵云)久随吾兄,即吾弟也;位与吾相并,可也。黄忠何等人,敢与吾同列?大丈夫终不与老卒为伍!"②遂不肯受印,就把同僚都得罪了,刘备、诸葛亮只能尽力安抚他。试想,如果关羽跟同僚搞好关系,过五关时也不会有六将拼死阻拦了,败走麦城时也不会无将来救。

张飞最主要的问题是没有跟下属搞好关系。历史上真正的张飞并不像《三国演义》以及影视作品中描写的那样目空一切、傲视权贵。事实上,张飞"敬君子而不恤小人",对士大夫同僚都很客气,独独喜欢酒后鞭挞士卒,暴而无恩,结果导致徐州失守,后来吴蜀大战前夕,张飞命两个部下限定时间内做好全军的孝服,否则杀

---

① 《三国志》卷三十六《蜀书·关张马黄赵传》,上海古籍出版社,2016,第839页。

② 《三国演义》第七十三回,中华书局,2005,第412页。

头,两人料定完不成任务,于是趁张飞酒醉时,将他的人头割下。试想,在今日的职场上,如果一个领导对下属刻薄寡恩,搞得民怨沸腾,在他提拔调任的时候,肯定会有各种风言风语,甚至匿名举报,终究成为职场上的障碍。

赵云就是人缘好的典型了,在职场上如鱼得水、人见人爱。赵云先跟公孙瓒,即便跳槽了,老领导也很高兴。当阳一战,他孤身深入,救得阿斗脱险,对领导绝对忠诚,深得刘备信任;每战必冲锋在前,撤退在后。诸葛亮第一次北伐,即是以赵子龙力斩五将开头,后来街亭败退,又是赵子龙断后。黄忠、张著被敌军围困,又是赵云飞马来救。赵云平时爱兵如子,但有赏赐,即与诸将分享。这样的属下、同事、领导,哪个不喜爱呢?三国名将灿若群星,赵云活了70多岁寿终正寝,结局应该是最好的。

第三节 价值观与情商

一、价值观的定义

价值观,即"价值观念",是指一个人对周围的客观事物(包括人、事、物)的意义、重要性的总评价和总看法。它是社会成员用来评价行为、事物以及各种可能的目标中选择自己合意目标的准则,通过人们的行为取向及对事物的评价、态度反映出来,是世界观的核心,是驱使人们行为的内部动力;是人们区分好坏标准并指导行为的心理倾向系统,是一种对某些目标偏好持久的信念,是决定一个人行为和态度的基础。简单地说,价值观就是人的一个过滤器,它决定了什么对人最重要,什么不重要,什么是有意义、有价值的,什么是无聊、乏味的。人们对各种事物的评价,如对自由、幸福、自尊、诚实、服从等,在心中有轻重主次之分,这种主次的排列,构成了个人的价值观。

美国心理学家洛特克于1973年在其所著《人类价值观的本质》一书中,提出了13种价值观:(1)成就感:提升社会地位,得到社会认同;希望工作能得到他人的认可,对工作的完成和挑战成功感到满足。(2)美感:能有机会多方面地欣赏周围的人、事、物或任何自己觉得重要且有意义的事物。(3)挑战:能有机会运用聪明才智解决困难,舍弃传统的方法,而选择创新的方法处理事务。(4)健康:包括身体和心理,希望工作能免于焦虑、紧张和恐惧,能够心平气和地处理事务。(5)收入与财富:希望工作能够明显、有效地改变自己的财务状况,能够得到金钱所能买到的东西。(6)独立性:在工作中能有弹性,可以充分掌握自己的时间和行动,自由度高。(7)爱、家庭、人际关系:关心他人并与别人分享,协助别人解决问题,体贴、关爱,对周围的人慷慨。(8)道德感:与组织的目标、价值观和工作使命能够不相冲突,紧密结合。(9)欢乐:享受生命,结交新朋友,与别人共处,一同享受美好时光。(10)权力:能够影响或控制他人,使他人照着自己的意思去行动。(11)安全感:能够满足基本的需求,有安全感,远离突如其来的变动。(12)自我成长:能够追求知性上的刺激,寻求更圆融的人生,在智慧、知识与人生的体会上有所提升。(13)协助他人:认识到自己的付出对团队是有帮助的,别人因为你的行为而受惠颇多。

渔夫与商人的故事

一个美国商人坐在墨西哥海边一个小渔村的码头上,看着一个墨西哥渔夫划着一艘小船靠岸。小船上有好几尾大黄鳍鲔鱼,这个美国人问渔夫要多长时间才能抓这么多,渔夫说,才一会儿工夫就抓到了。墨西哥人接着问道:你为什么不持久一点,好多抓一些鱼?渔夫觉得不以为然,说:这些鱼已经足够我一家人生活所需了。

美国人又问:那么你一天剩下的那么多时间都在干什么?渔夫解释道:我呀,我每天睡到自然醒,出海抓几条鱼,回来后跟孩子们玩一玩,再跟老婆睡个午觉,黄昏时晃到村子里喝点小酒,跟哥儿们玩玩吉他,我的日子可过得充实又忙碌呢!

美国人不以为然,帮他出主意,他说:我是美国哈佛大学企管硕士,我倒是可以帮你忙!你应该每天多花一些时间去抓鱼,到时候你就有钱去买条大一点的船,再买更多渔船,你就可以拥有一个渔船队,然后你可以自己开一家罐头工厂。如此你就可以控制整个生产、加工处理和营销。然后你可以离开这个小渔村,搬到墨西哥城,再搬到洛杉矶,最后到纽约,在那里经营你不断扩充的企业。

墨西哥渔夫问:这要花多少时间呢?美国人回答:15到20年。

然后呢?

美国人大笑着说:然后你就可以在家当皇帝啦!时机一到,你就可以宣布股票上市,把你的公司股份卖给投资大众。到时候你就发啦!你可以几亿地赚钱!

然后呢?

美国人说:到那个时候你就可以退休啦!你可以搬到海边的小渔村去住。每天睡到自然醒,出海随便抓几条鱼,跟孩子们玩一玩,再跟老婆睡个午觉,黄昏时,晃到村子里喝点小酒,跟哥儿们玩玩吉他喽!

墨西哥渔夫疑惑地说:我现在不就是这样了吗?

为什么美国人和渔夫谈不拢呢?在美国商人看来非常重要的人生追求、奋斗历程、名誉地位等,在渔夫眼中似乎毫无意义。这就是价值观的差别,他们所看重的东西完全不一样。价值观是决定人们期望、态度和行为的心理基础,在同一客观条件下,具有不同价值观的人会产生不同的行为。在同一环境下的管理人员,有的人对地位看得很重但对工作成绩看得很轻,有的人对地位看得较轻但很注重工作成就,这就是价值观的不同所致。如果生活没有方向,那它会变得漫无目的、死气沉沉,缺少目的和价值的生活将会使人无精打采、绝望万分,这样的人,也毫无情商可言,情商的培养更是无从谈起,幸福的生活也会与其绝缘。

价值观不仅影响个人行为,还影响群体行为和整个组织的行为。在同一客观条件下,对于同一事物,由于人们的价值观不同,就会产生不同的行为。在同一单位中,有人注重工作成就,有人注重金钱报酬,有人重视地位权力,这就是因为他们的价值观不同。同一个规则、制度,如果两个人的价值观相反,那么就会采取完全相反的行为,将对一个集体目标的实现起着完全不同的作用。身为管理者,必须了解员工的价值观。一个人的价值观虽然不直接影响个体行为,但是却强烈影响个人的态度,影响知觉和判断,进而影响个人的行为,并最终对群体行为和整个组织行为产生影响。同一组织中,员工的价值观各不相同,各式各样的价值观将导致不同的人在面对同一事物时,产生不同的行为。企业在对员工进行培训时,需要进行大量的企业文化培训,就是要将员工的价值观统一到企业价值观中,形成合力。

二、价值观的类型

价值观的核心问题是人生的价值和目标,价值观的不同,对事物的理解就会产生差异。教育学家、心理学家斯普郎格把不同的人的"价值观"根据侧重点不同,分成六种类型。

(一)理论型

理论型的人以探求事物本质为人的最高价值,他们是经验的、理性的、批判的,主要兴趣在于发现真理,通过观察、分析、推理,他们致力于探索事物的联系与区别。这种人好钻研,求知欲强,能自制。理论型的人活动和生活的主要目的是将自己的知识系统化、条理化,他们多忽视生活的其他方面。

(二)经济型

经济型的人以谋求利益为最大价值,他们趋向于现实——实用事物,是务实人士,对行之有效的各行各业的实际事物,都给予关注。他们认为一切工作都要从实际的需要出发,否则应当抛弃。他们重视财力、物力、人力和效能,对一切事物都从经济观点出发,判断其有用程度。

(三)审美型

审美型的人以感受事物的美为人生的最高价值,他们的主要兴趣在于使事物变得更有魅力。具有此种价值取向的人重视形象的美与心灵的和谐,善于审视美好的情景和欣赏多种情趣。他们认为美的价值高于其他事物,以优美、对称、整齐、合宜等标准来衡量一切,因此对任何事物都从艺术的观点加以评论。

（四）社会型

社会型的人以善于与人交往和帮助别人为人生最大价值,他们对增加社会福利最感兴趣。具有此种价值取向的人以爱护他人、关怀他人为高尚的职责。他们多投身于社会,交往于人际,以提供服务为最大乐趣,多表现出随和、善良、不自私、宽宏大量的性格特点。

（五）政治型

政治型的人以利用别人和掌握权力为最高价值,他们有尽力获取权力、强烈地支配和命令别人的欲望。政治型的人往往对权力有极大的兴趣,掌握实权成为其基本的动机。他们多有领导他人和支配他人的愿望和才能,自我肯定,有活力,有信心。对人对己要求严格,讲原则,守秩序;但也会自负,轻视他人,利己而专横。

（六）宗教型

宗教型的人以超脱的生活为最大的价值,他们的主要兴趣在于创造最高和绝对满意的体验。宗教型的人重视命运和超自然力量,他们大多有坚定的信仰(宗教或其他类似的经验)而宁愿从现实生活中退却。他们的显著态度是领悟于宇宙万物,自愿克服一切低级冲动,乐于自我否定而沉思于自认为高尚的各种经验。

三、价值观的特性

价值观分为两种:个人的或者是群体的。但不管是哪一种价值观,归根结底都是一种意识形态,意识由物质所决定,社会意识由社会存在所决定,因此价值观的形成不是主观自生的,从一定意义上来说要受到社会存在中的"环境"来制约。同时,认识由实践所决定。由此可知,价值观是人们在实践中形成的,受制于外界环境的一种意识形态。家庭、学校等群体对个人价值观念的形成起着关键的作用,其他社会环境也有重要的影响。个人价值观有一个形成过程,是随着知识的增长和生活经验的积累而逐步确立起来的。

价值观具有相对的稳定性和持久性,在特定的时间、地点、条件下,人们的价值观总是相对稳定和持久的。个人的价值观一旦确立,便具有相对的稳定性,形成一定的价值取向和行为定势,是不易改变的。比如,对某种事物的好坏总有一个看法和评价,在条件不变的情况下这种看法不会改变。但是,随着人们经济地位的改变,以及人生观和世界观的改变,这种价值观也会随之改变,这就是说价值观也处于发展变化之中。

价值观具有导向作用,这种导向是一种预判,带领被导向的主体进入一种应然的状态。在大千世界中人类总会处于茫然的状态,核心价值观便起到了规范的作用,用一种看似柔和的方式,强制人们具备基本的价值素养。核心价值观能够给予人们评判事物的标准,使主体能够清晰地划分出哪些行为有价值,哪些行为应该去追求,以便做出最正确的选择,走最正确的人生道路。

价值观还规范制约人们的行为,有助于弥合人与人之间、人与社会之间的缝隙,从而保证社会的有序进行,人与人之间和谐相处,促使社会和谐、健康发展。

四、价值观与情商

价值观对人们自身行为的定向和调节起着非常重要的作用,

决定着人的自我认识,直接影响和决定着一个人的理想、信念、生活目标和追求方向的性质。在情商中,价值观是核心点。有什么样的思想源动力,就有什么样的决定,就会造成什么样的命运,而主宰人们做出不同决定的关键因素就是个人的价值观。一个人的情商表现即是他的价值体现,主导一个人或一个集体情商的也是个人或集体的价值观。

一个人要想成为社会上的领导人物,他就必须清楚地知道自己的价值观,同时确实按照这个价值观去培养自己。社会阶层的各类精英人士,不管是职业人士、企业家或是教育家,在他们的专业领域能有杰出成就,全是因为能够发扬光大所持的价值观所致。如果人们不知道自己的人生中什么是最重要的,怎么会知道该建立什么样的成功基础?又怎能知道该做出何种有效的决定?又怎么会知道自己应该怎么培养自己的情商呢?我们相信每个人一定碰到过棘手的情况,迟迟做不了决定,这其中的原因是人们不清楚在这种情况下,什么是最重要的价值。所有的决定都根植于清晰的价值观。在情商培养中,价值观是每个人与众不同的根本点。中国历史上的三国时期是一个乱世,所谓乱世出英雄,越是沧海横流,越能显出英雄本色,在这个英雄辈出的年代,军事能力超群者、才华横溢者、指挥才能高者,层出不穷。谋士、将军投靠不同主公、改投主公者频频发生,而诸葛亮作为一名超高智慧谋士,自始至终对刘备忠心耿耿,除了刘备"宅心仁厚""情商高"外,还有重要的一点,就是诸葛亮对自己的定位和他的价值观。

《魏略》说,诸葛亮曾经对他的三个朋友——石韬、徐庶、孟建说,你们从政,官可以做到刺史、郡守。朋友反问:足下呢?诸葛亮"笑而不言"。陈寿在《隆中对》中,对诸葛亮的描述为"亮躬耕陇亩,好为《梁父吟》,身长八尺,每自比于管仲、乐毅"。管仲,是一代名相;乐毅,是一代名将。诸葛亮的理想,既不是称王称帝坐北朝南,也不是为官一任造福一方,而是辅佐贤明,廓清四海,平治天下,定鼎中原。这种情况下,他就需要为自己找一个好主公了。当时,比较有实力的有刘表、孙权、曹操,诸葛亮与刘表是亲戚,孙权、曹操也都在招兵买马、招贤纳士;刘备只是一个毫无根据地、寄人篱下的落魄者,诸葛亮为什么会选择刘备,并且"鞠躬尽瘁死而后已"呢?刘表不求进取,当时中原人士到荆州来避难的很多,刘表却一个都不用;曹操那边,人才济济,像贾诩、荀彧、荀攸、程昱等一大批满腹经纶韬略的一流谋士,他们的才干都不逊于诸葛亮,曹操自己也是强人,如果诸葛亮投靠曹操,未必能排到前三;孙权确实是人主,但孙权"能贤亮而不能尽亮"①,他至多能够做到尊重和器重,却不能让他尽展才华。诸葛亮自身的定位和价值取向,决定了他选择主公的标准:1.这个人必须有建立一个新政权、新国家的可能性,他应该有这个志向,也有这个条件;2.这个人条件还不成熟、有欠缺,需要有一个像诸葛亮这样的人辅佐,如果诸葛亮去了后,就能够成为大显身手的定鼎之臣。当时符合这几个条件的,只有刘备。

而对于诸葛亮辅佐刘备的个人结局,水镜先生司马徽曾言:"卧龙虽得其主,不得其时,惜哉!"②徐庶离开刘备赴曹营时,曾去拜访诸葛亮,请诸葛亮辅佐刘备,并言刘备不日将来拜访,诸葛亮的回答是:"君以我为享祭之牺牲乎!"刘备的三顾茅庐,让诸葛亮感受到了刘备的诚意,也让诸葛亮看到了自身价值尽现的希望。作为大智之人,诸葛亮并不想将其才华终生埋没,他在观察和选择

---

① 《三国志》卷三十五《蜀书·诸葛亮传》裴松之注引《袁子》,上海古籍出版社,2016,第815页。

② 《三国演义》第三十七回,中华书局,2005,第207页。

能让他充分发挥个人才能,并利用自己的才能辅佐出来的乱世"霸主",鞠躬尽瘁死而后已;刘备得孔明,既是刘备的"如鱼得水",也是孔明的"蛟龙入海"。在跟随刘备东征西讨的过程中,诸葛亮"隆中对"甚得备心、互通心意,"博望用火"立孔明名、破曹军胆,"舌战群儒"扬名东吴、联吴抗曹,"赤壁之战"重创曹魏、三足鼎立,"白帝城托孤"君臣一心、肝胆相照,"七擒孟获"稳固南蛮、平定南中,"六出祁山"以攻为守、谋求发展。诸葛亮行事,事无巨细,亲自过问,即使知道北伐的失败结果,毅然伐魏,最后病死在伐魏的最前线。刘禅愚笨,诸葛亮还是鞠躬尽瘁地扶持他,从无取代之心。纵观诸葛亮的一生,他一直在追求"尽"施才能,为信念和理想奉献,他的所作所为皆是围绕自身价值开展。事实证明,诸葛亮追求内心价值的选择,成就了他自己,也使他成为后世楷模,值得后人称颂。

第四节 自我心像与情商

一、自我心像的定义

自我心像也叫自我印象或自我形象,是一个人在自己心目中的自我观念,是根据自己过去成功或失败的经验、他人对自己的反应和评价而不自觉地形成的。自我心像的形成是长期思维暗示的结果,与家族遗传有关,但更重要的是个体后天发育中的潜移默化(与个体生活的环境、所接受的教育、接触的人对自己的影响、自己的经历、自我体验等有关),在自己头脑中形成的自我认识和自我评价,从而在自己的潜意识中形成的"我是什么样的人"。照片是一个人外在的反映，自我心像是一个人内心世界的反映。

　　如果一个人经常和消极的人打交道，就会产生许多消极的、低微的心态和习惯；反之，如果经常与雄心万丈的成功者接近，就会养成迈向成功的心理和行为。每个人都是在暗示中成长起来的，"暗示"塑造了每个人的个性。自我心像是个性（或性格）的图像，一个人的言行、举止就是自我心像的展示；自我心像是一个人潜意识的核心，是人们能动地工作和学习的心理力量。心理暗示在日常生活中随处可以看到，它是用含蓄、间接的办法对人的心理状态产生迅速影响的过程。上课时，一个人"打哈欠"，许多人往往跟着"打哈欠"；有人咳嗽，其他人的喉咙也会发痒；看见别人赛跑，自己也不知不觉地动起脚来；刚刚学会骑自行车的人骑车上街，心里特别紧张，怕撞到别人，默念"别撞上，别撞上"，可结果却偏偏撞上；参加重大考试，告诉自己"别紧张，别紧张"，可往往是脑中一片空白……这其实都是心理暗示的原因，告诉自己"别撞上，别紧张"的潜台词就是"我一定会撞上，我一定会紧张"！是自己在给自己消极的心理暗示。

　　如果一个人想美好的事情，美好的心态就跟着来；如果想邪恶的事情，邪恶的心态就会跟着来。一个人整天想什么，他就是什么样。只要自我心像下命令，人的行动就会跟着心像走。

二、自我心像的奥秘

　　人的一切变化，都是先从内部信息变起，而后向外扩展，因此，人必须是先从内心认识一个目标，然后再着手去完成它。当一个人内心"看到"一个目标时，人的内部机制会自动地将任务承担起来，并以一种超意志力去实现它。人只需要全心全意地想着目标

和目标实现后的体验,就会在轻松愉快中实现。关于自我心像到实现的过程,如下所示:

自我心像=大脑神经系统→目标→想象→体验→欲望→行动(成功或失败)

一个人想干什么?能干什么?想学习,想旅游,想冒险,想恋爱,想工作……这一切的一切,如果已经产生了一个强烈的心理图像,就会产生强烈的欲望,这是追逐目标的强大动力,而且是任何力量也无法阻止的动力。以"自我心像"的眼光仔细观察和研究一下"人",就会发现,可以用"积极的自我心像者"和"消极的自我心像者"来对人进行分类,即"成功"和"失败"两种人。一种是"主动奋发的人"——成功的人,这种人具有积极的自我心像,永不屈服,不达目的绝不罢休。这种人思维活跃,具有创新精神,而且乐观、豁达,能与人沟通和合作,也就是所谓的智商较高或很高的人。另一种是"被动懒惰的人"——庸庸碌碌的人,这种人是没有目标不愿做事的人,他总会找出各种借口拖延,直到最后证明这件事"不应该做""没能力做""已经来不及了"为止。这种人具有消极的自我心像,不是安于现状,就是自暴自弃,最终以失败告终。还应该有一种"两栖人",但他最终必然倾向于某一方面,没有绝对的中立。

两种自我心像产生两种效果:

1. 积极的自我心像→主动、开放自信的行动→发展的、成功的、自我实现的。

2. 消极的自我心像→被动自卑、自我防御的行动→封闭的、破坏的、失败的意识和潜意识。

积极的自我心像就是自我接纳、自信、自爱、自尊、自己了解自己的长处和优势,这样的人将在生活中勇往直前。消极的自我心像是自卑、自惭形秽,总感到自己处处不如别人,缺乏安全感,这是导致人生失败的根源。

人的智慧、才能、情感、意志、行为等永远与心像一致。如一个学生如果把自己看成只会学习而不会唱歌的人,即使他有一副好嗓子,也无济于事。一个人的兴趣、情感、能力、意志都是建立在自我心像的基础上的,一个学生对所学专业没兴趣,或对某项工作没兴趣,他可能会提出"根据我的情况,我不适合学这个专业"或者"我不适合这个工作",根源在于他的自我心像。而另一个人从来没干过某项工作,甚至没有人相信他能干好,但他却主动接受任务,出其不意地完成了任务,这是因为他的自我心像是积极的、自信的、成功的。

三、自我心像与情商

一个人的言行、举止会给别人留下一个印象,它可能是高尚的、高雅的、言行一致的、诚实的、热情认真的;也可能是卑劣的、不道德的、傲慢的、不讲道理的、没有信誉的、不求上进的;等等。设想一下这两种人去办事,哪种人更容易成功呢?因此,正如爱默生·佛斯迪克博士说:"生动地把自己想象成失败者,这就使你不能取胜;生动地把自己想象成胜利者,将带来无法估量的成功。伟大的人生以你想象中的图画——你希望成就什么事业,做一个什么样的人——作为开端。"①

想做一个什么样的人,这是一种自我观念,这种自我观念(或信念)都是根据人们过去的经验,成功或失败、胜利或屈辱,以及

---

① 马克斯威尔·马尔兹:《你的潜能》,中国工人出版社,1987,第12、41页。

他人对自己的反映,特别是对自身价值、自身能力、自己在社会上的地位进行估计和评价,包括童年的经验而不自觉形成的。依据这一切,人们在心理上形成了一个"自我肖像",就人本身来说,一旦某种与自己有关的思想或观念进入这幅"肖像",它就会变成"真实的",人们不会去怀疑它的真实性和可靠性,只会根据它的活动去指导自己的行动。如果一个人的自我心像是一个低能者,那他就会在自己内心深处的屏幕上,经常看到一个无所作为、不受人重视的平庸小人物,在遇到困难时会说自己没有能力,在生活和工作中,就会感到自卑、沮丧、无力。如果一个人的自我心像是一个自信者,那他就会在自己内心深处的屏幕上,经常看到一个办事利落、受人尊重、进取向上的自我。在任何情况下,都会对自己说:我能做好。在工作中,就会有自尊、愉快等良好的心态,从而在工作中取得成绩。

自我心像确立的原则是:在真实自我的基础上,最好稍微高一些。高一些的自我心像会使人的自信心更强,制订的目标更高,挖掘出的潜力更多。而偏低是自我心像的大忌,它会损伤人的自信心,可能使人连现有的能力也发挥不出来,更不要说挖掘潜力了。

高情商的人的自我心像都是积极的,低情商的人的自我心像是消极的或不健康的。自我心像好的人自信心强,为人处事乐观、真诚,生活态度积极,敢于应对竞争和挑战,自我控制能力强,有良好的人际关系,当他们遇到困境时,往往能够利用周围的社会资源,从而获得社会的支持,具有良好的人际关系,应对压力和挫折的能力强。自我心像差的人,自卑心理严重,适应能力差,害怕竞争和挑战,怀疑自己,害怕失败,畏难情绪严重,难以被他人接纳和认可,不善于与人相处,人际关系差,当他们遇到困境时,常常束手无策,抗压能力差。当知道自我心像的图像后,在培养情商时,可以通过改变自我心像,给自己种上自信的种子,内心坚定地认为自己能做到,并认真体验,坚持去做,就会获得好的人生体验。当一个人第一次获得成功时,良好的自我心像就开始形成了。当一个人总觉得自己一无是处、事事不如别人时,就应当主动修改自我心像了。这时候,应当牢固地树立这样的信念:"我是独特的存在,在这个世界上,没有跟我完全相同的第二个人。天生我材必有用,我的存在一定会有价值,我也一定能够找到自己存在的价值,因为我是独一无二的!"过于高大的自我心像也应进行适当调整。对自己评价过高,不仅不利于客观地设计进取目标,还会破坏人际关系,使人际环境恶化,给自己走向成功的道路设置许多障碍。

美国心理学之父威廉·詹姆斯通过研究提出了一个公式,即自足感=成就÷抱负。这个公式显示了一个人的自我感觉满足与否,与个人的实际成就成正比,与抱负水平成反比。如果一个人所取得的成就与其抱负水平相当,那么他将对自己感到满意,进而生成自信心、成就感等。如果成就小而抱负大,那么此人将感到不满足,他可能更加努力地取得成就,也可能放弃努力,从而降低或抛弃抱负。要达到对自我肯定性的评价,或提高自信心,不外乎是提高成绩或降低抱负水平。这个公式可以成为调节自我心像的一个参考。只有自信心与成就、抱负处于一种动态的平衡状态,或一定程度的不平衡,即自信心略强、抱负略大,才有利于成就的取得和自我能力的提高。坚定的自信心与过于高大的自我心像,有时很难区分,独特的见解、超凡脱俗的创造、别出心裁的设计、反潮流的行为,这些往往都是高才智的表现。

四、建立良好的自我心像

人只要接纳自己便不会迷失,从外表的修饰着手,直到心灵深处,选择高尚的同伴来帮助自己,从而建立良好的自我心像。

(一) 要爱自己

每个人自身都是独特的存在,都蕴含着无穷的潜力,没有自己的允许,在这个世界上没有人能使他觉得低下,每个人首先都要爱自己。

(二) 注意外表

注意个人修饰,对一个人的自尊具有积极的作用,还会令人在各种情况下都感到快乐。电影《夜半歌声》中男主人公在特殊事件中容貌全非,从此他不再潇洒,也不再西装革履了,见人就躲躲藏藏。外貌(自我外在形象)影响了心理因素(自我心像),也影响了现实表现,为了改善一个人的自我心像,要多注意仪容仪表。

(三) 多读好书

多阅读各种成功人士的传记或自传,阅读毛泽东、邓小平、曾国藩、林肯、爱迪生、卡内基、华盛顿等人的故事,把这些故事中的人物跟自己相比,见到他们成功,也会预想自己同样能获得成功。无论是一本书、一场演讲、一部电影,还是一个电视节目,都有助于建立一个人的自我心像。

(四) 慎重择友

古人说"近朱者赤,近墨者黑"。多跟"道德高尚,性情良好,站在人生光明面"的人交往,这样所得到的好处相当惊人。这也能解释,为什么以害羞、内向、能力不足的面貌进入销售界的人,在几周内就变得有信心、有能力,更富有生产力。这些人原本一直生活在消极的环境中,周围的人也不断在他们的心灵中注入消极的因素,并且告诉他们哪些事情不能做。当他们进入销售界,在环境与同事方面有了一个极大的转变,现在,每一个人都开始向他们说,他们能做些什么。他们在训练师、经理与同事那里听到了积极的叙述,并且每天都能看见这种方式在各方面产生的结果。每个人都会获得周围人的大部分思想、举止与个性,由于他们发现这种和之前完全不同的做法实在是更有趣,所以他们几乎立刻开始改变自己的自我心像。

(五)环境影响

一个人的智商也会受环境与伙伴的影响。几十年前被人发现从小生活在狼群中的印度"狼孩"重回人类社会后,尽管接受了文化训练,但13岁时的智力只相当于3~4岁的正常儿童,这样的事例说明了环境对人的心智发育的影响。有关专家还通过实验研究,将一部分双胞胎分开,放在不同的环境中培养,结果,这些双胞胎儿童智力发育的相似程度,远远不如与他们生活在同一环境中的非双胞胎儿童。美国行为主义者华生甚至说:"我可以按照不同的要求,用特殊的方法把一打健全的儿童培养成医生、律师或者乞丐、盗贼。"这说明,在肯定遗传因素的前提下,环境因素对一个人的成长、智力发育和学习确实起着潜移默化的作用。昔日"孟母三迁"也是环境能影响人的最好的例子,要想建立良好的"自我心像",要注意从调节环境对自己的影响做起。

(六)正视危机

危机能给人带来灾难,也能激发人的潜力。人们往往喜欢创造一种舒适的生活方式,使自己的生活风平浪静,日常要以积极的心态面对生活中的所有事,更要认识到挑战自我是生命力的源泉。

(七)学习成功者的失败

歌剧明星卡罗素,最初声音微弱细小,无法唱到高音,所以他的歌唱老师好几次劝他放弃,但他继续唱歌,最后他被认为是世界上最伟大的男高音;爱迪生的老师称他是劣等生,而且他在之后的电灯发明中,曾失败了14000次之多;林肯的失败也是很有名的,但是没有人认为他是一个失败者;爱因斯坦也曾有数学考试不及格;亨利·福特在40岁时破产;马云说他要写一部新版的1001夜故事,他认为错误更值得珍惜,所以马云要写的作品就暂定名为"阿里巴巴的1001个错误",让大家一起从错误中学习。

(八)大胆实践

许多人在私人会谈中可以畅所欲言,可一旦站起来在公众面前发表公开演说,却吓得直发抖,他们觉得自己的脸色很不自在,而且看起来很愚蠢。改变这种形象最快的方法,就是敢于犯错,大胆练习。

(九)把握好情绪

人开心的时候,体内就会发生奇妙的变化,从而获得新的动力和力量。但是,不要总想在自身之外寻开心,令人开心的事不在别处,就在自己身上。每个人本身就是一个巨大的神秘世界,蕴藏着太多的奥秘和力量,在通往成功的道路上,要利用好自己的潜意识,激发自己的潜能。

君子贫穷而志广,富贵而体恭,安燕而血气不惰,劳倦而容貌不枯,怒不过夺,喜不过予。①

第三章　情商与情绪

在日常生活中,人们常有这样的体验:高兴时,神清气爽;悲伤时,食欲不振;忧虑时,辗转难眠;惊慌时,心脏乱跳;愤怒时,热血冲头;仇恨时,怒目圆瞪;嫉妒时,妒火中烧;抱怨时,喋喋不休;抑郁时,郁郁寡欢。引起人内心起伏的,就是情绪。情绪可以使人精神焕发,也可以使人萎靡不振;可以使人冷静理智,也可以使人暴躁易怒;可以使人安详从容,也可以使人惶惶不可终日;可以加强人,也可以削弱人;可以使生活充满甜蜜与快乐,也可以使生活变得沉闷、暗淡无光。

第一节　情绪的基本知识

有句名言:"上等人,有本事没脾气;中等人,有本事也有脾气;末等人,没有本事而脾气却大。"坏脾气的人,无论是否有真本事,都不会成为上等人,更难以拥有快乐和幸福,因为情绪左右人

---

① 《荀子·修身》。

生。自古以来,人人关注情绪,情绪影响人生。

有个古老的故事,一位好斗的剑客想悟道,请教于一位禅师,请他解释什么是极乐世界、什么是地狱?禅师斥责道:"粗鲁之徒,何足论道!"

剑客感到受了侮辱,暴跳如雷,他从剑鞘中抽出长剑,怒吼:"这般无礼,枉为禅师,我杀了你!"禅师平静地回答:"彼为地狱。"剑客突然领悟到,禅师所说的地狱指的就是他受到愤怒的情绪控制,于是立刻将剑放回剑鞘,向禅师鞠躬,感谢他的指点。禅师又道:"彼为极乐。"

剑客领悟到自身情绪的波动,表明了其情绪失控与意识到被情绪控制两者之间的天差地别。

情绪,是对一系列主观认知经验的通称,是多种感觉、思想和行为综合产生的心理和生理状态;是人内心的感受经由身体表现出来的状态,主要反映客观现实与人的需要之间的关系,是人们内心世界中的"天气"。

一、情绪的分类

每个人因其主观状态、主观期望不同,对同样事物的情绪体验是各不相同的。《中庸》把情绪分为喜、怒、哀、乐;《吕氏春秋》把情绪分为喜、怒、忧、恐、哀;《左传》把情绪分为好、恶、喜、怒、哀、乐;《黄帝内经》从健康的角度将情绪分为喜、怒、忧、思、悲、恐、惊①;《礼记》中对情绪的分类更接近于我们日常的感知,称情绪为"七情":喜、怒、哀、惧、爱、恶、欲;Shaver(1987)等学者认为有6种基本的情绪类别:爱、喜悦、惊奇、愤怒、悲伤和恐惧;美国著名心理学家Krech(1980)把快乐、悲哀、愤怒和恐惧看作人类的4种基本情绪类型。

在日常生活中,最普遍、通俗的情绪有喜悦、愤怒、悲伤、恐惧等,也有一些细腻微妙的情绪,如快乐、嫉妒、抱怨、抑郁、自卑、冲动、焦虑、惭愧、羞耻、自豪等。情绪本身无好坏之分,由情绪引发的行为或行为的后果有好有坏。根据情绪所引发的行为或行为的结果,将情绪划分为积极情绪即正面情绪、消极情绪即负面情绪两大类。正面情绪有喜悦、快乐、热情、自信等;负面情绪有抱怨、抑郁、嫉妒、仇恨、愤怒、焦虑、冲动、自卑等。

二、判断自己的情绪

情绪中蕴含着信息,这些信息告诉我们自己的内心世界、社会群体以及自然环境中发生的变化。为了使人与人之间的交流顺利畅通、决策和行动正确,我们必须准确地判断他人的情绪,并且能够准确地将自己的情绪表达出来或传达给他人。

判断情绪包含很多技巧,如判断自己与他人的感受、体会艺术品和音乐中的情绪、表达情绪、察觉言外之意、区分真假情绪等。在学会判断他人情绪之前,我们必须学会判断自己的情绪,理解他人都是从理解自己开始的。

---

① 王米渠:《中医心理学》,天津科学技术出版社,1985,第26页。

第三章 情商与情绪

小娜是一名大二的学生,她性格开朗、大方、热心、活力四射,是校学生会的一名部长。但是,小娜的同学们却不愿意亲近她。这是因为,小娜不能注意到别人的非言语信号。例如,在一次活动方案讨论中,大多数人都意识到,继续讨论不会取得什么结果,应该分头去调研,但是小娜却还在解释自己的观点,完全听不进别人的建议,结果很明显,没什么人听她讲话。同时,她似乎也不能充分地了解自己的情绪。小娜的脾气不是很好,有次考试成绩不理想,她看上去很烦躁,在宿舍里不停地翻东西,当同学问她怎么样时,她回答"我很好"。她的同学继续和她说:"看上去你好像有什么烦心事?"她几乎大叫着说:"我没有烦心事,没有!"她已经无法注意到自己和别人的情绪了,可见小娜判断情绪的能力真的十分有限。

下面表格中这个小测试,可以帮助你了解自己的情绪认识水平。

	很不同意	不同意	同意	非常同意
对自己的感觉进行思考很重要	NN	N	Y	YY
应该注意并感受情绪	NN	N	Y	YY
我注意我的感觉	NN	N	Y	YY
我经常想搞清楚自己的感觉	NN	N	Y	YY
我的感觉很清楚	NN	N	Y	YY
我知道自己的感觉	NN	N	Y	YY

很明显,选择 YY 和 Y 的栏目越多,说明你的情绪意识越强。了解自己的情绪状态不仅有利于抓住各种情绪线索、分析情绪信息,还可以帮助你判断他人的情绪。

如果我们想更好地了解自己和他人,就需要知道自己的感受,并能够恰当地描述这种感受。当确定自己的感觉时,我们必须充分意识到感觉的顺序和变化。比如，在看到别人做的方案策划报告时，我们要知道自己当下的感受是什么，是失落、厌烦还是疲倦，这是十分重要的，这些信息会增强我们对方案策划本身的洞察力。

在判断情绪时，我们还要学会解读音乐、雕塑和绘画等艺术形式中的情绪。艺术可以发人深省，激发我们的情感。我们都能感受到音乐传达情绪的魅力，如有些音乐会让人不寒而栗，有些曲调可以令人迷恋陶醉。企业花费巨资在广告、贸易展览、logo 设计、打造品牌上，都是想要通过这些形式影响人们对某种产品的感觉和看法。

三、判断他人的情绪

当一个人有情绪时，相应的面部、姿态、言语都会发生变化，识别他人情绪可以从面部表情、姿态表情、言语表情入手。

面部表情 通过眼部、面部、口部肌肉的变化来表现各种情绪状态，基本上反映在嘴唇、眉毛以及眼光的变化上。如喜悦、愉快、欢乐时嘴角向后伸，上唇略提，两眼闪光，两眉舒展"眉开眼笑"；惊奇时张嘴、瞪眼"目瞪口呆"。

当一个人瞳孔放大时，表示他很兴奋、积极；瞳孔收缩时，表示他情绪低落；闭上眼睛时，表示思考或者不耐烦；目光游离时，表示不感兴趣或者焦急；仰视前方时，表示正在思考；俯视前方时，表示拘谨羞涩；正视对方时，表示重视与尊重；斜视对方时表示不屑与轻视。这些都是通过对方的眼神告诉我们的。

双眉上扬，表示对方非常吃惊或喜悦；单眉上扬，表示对方不能理解或有疑问；眉毛迅速向上则表示对方心情愉快；皱起眉头，表示对方不赞成你的观点或者陷入困境；眉毛全部下降，就表示对方十分愤怒。

不同情绪状态具有不同的综合面部表情：

高兴——眉开眼笑　眉飞色舞　喜上眉梢
愤怒——怒目而视　面色发红　咬牙切齿
恐惧——目瞪口呆　面色苍白　毛发竖立
悲伤——两眼无光　泪眼蒙眬　痛哭流涕
惊奇——双目凝视　目瞪口呆　眼嘴张大
羞愧——眼睛向下　面红耳赤　头部低垂
蔑视——目光斜视　嗤之以鼻　嘴角一撇

姿态表情　通过人的身体姿态、动作变化来表达情绪。如高兴时手舞足蹈，悲痛时捶胸顿足，成功时趾高气扬，失败时垂头丧气，紧张时坐立不安，献媚时卑躬屈膝等。

姿态表情包

1. 好奇　2. 疑惑　3. 不感兴趣　4. 拒绝　5. 观察

6. 自我满足　7. 欢迎　8. 果断　9. 隐秘　10. 探究

11. 专注　　12. 暴怒　　13. 激动　　14. 舒展

15. 奇怪　16. 鬼鬼祟祟　17. 羞怯　18. 思索　19. 做作
　　支配　　怀疑

手势表情是表达情绪的一种重要形式，通常和言语一起使用，有时也会单独使用。

双手搔头皮表示为难、尴尬、羞涩；单手扶住额头表示害羞、困惑、难为情；双手互相磨搓表明内心十分焦急；双手打开表示真诚、坦然；双手叉腰表明挑战、示威、自豪等。

言语表情　指情感发生时个体在语言的声调、节奏和速度等方面的特征，即言语中语音的高低、强弱、抑扬顿挫，语速的快慢，节奏的转移等。如人们惊恐时尖叫；悲哀时声调低沉，节奏缓慢；气愤时声调高，节奏变快；爱慕时语调柔软且有节奏。

一般而言，语速过快表示人的内心比较激动；反之，语速恰当说明其内心平静；声音细小说明对自己不够自信；说话磕磕绊绊说明准备不足或胆怯；声音洪亮是自信的表现；感情丰富是想让对方相信自己。

语言是人们用来表达自己、交流思想、抒发感情的工具，在日常的与人交往中，我们完全可以通过声音来判断他人的情绪。如果对方跟随你语调的变化而变化，说明他尊重你，想要拉近彼此的距离；如果对方的语调一直单调平稳没有感情，抑或冷漠少言，那么你可能需要换个话题或说话方式了，因为或许对方对你的表述并不关心；如果对方语调欢快，节奏加强，语速加快，说明他心情不错；如果对方语调低沉，节奏变慢，重音增加，说明他在抑制愤怒。

四、提高判断情绪的能力

当面部表情很清楚时，我们很容易判断他人的情绪，例如，一个孩子一边打开生日礼物，一边微笑，说明他很快乐。但有的时候，判断情绪可能很难，比如，并不是所有的面部表情都是真实情绪的表露。

如果没有准确可靠的情绪信息，关于情绪的决策及思考过程可能就是错误的。若想有效地解读自己和他人的情绪，就要培养解读情绪的技巧，提高判断情绪的能力。

（一）首先，准确识别自己的情绪与心情

对那些认为自己对情绪和心情不太了解的人来说，写情绪日记是提高自我情绪意识的有效方式。下面是建议使用的情绪日记模板。

日期：_____
时刻：_____
地点：_____
人物：_____
事件：_____
情绪产生之前的事件：_____
感受到的情绪：_____

情绪日记可以帮助你将在特定时间感受到的事情记录下来，帮助你了解自己的情绪模式，了解客观事件如何对你产生影响，什么事情让你感到忧虑、生气或者什么可以给你带来愉悦的情绪等等。一旦收集到足够的情绪数据，你就可以试着确定自己的情绪词汇、情绪周期、引起情绪的事件和生理变化等信息，自我情绪觉察就会变得灵敏、准确。

对于那些不善于表达面部表情的人来说，"照镜子"则是有效的练习方式。站在镜子前面，有感情地说出每一个情绪词汇，在镜子中观察自己对应的面部表情。比如情绪词汇是"开心"时，就开心地说这个词，同时回想生活中让自己感觉十分开心的事。这个练习的目的是帮助你了解自己在表达情绪时的面部表情。

对于那些没有意识到自己已经对他人产生影响的人来说，"看录像"则是有效的练习方式。可以在家里或宿舍、办公室，请人帮忙录下你和别人交流、讨论时的视频，听到自己的声音，看见录像上的自己，你对自己的表现满意吗？有没有需要提升的地方呢？

充分地了解自己的情绪之后，我们再把重点转移到他人身上，你周围的人的感受是怎样的？你怎样才能了解到他们的看法？此时，就要注意听别人讲话、观察说话者。

（二）分析语言信息、非语言信息

石油大王洛克菲勒曾说："假如人际沟通能力也是同糖或咖啡一样的商品的话，我愿意付出比太阳底下任何东西都珍贵的价格购买这种能力。"在生活中，沟通无处不在，面对面交流、做报告、演讲、开会、收发电子邮件、电话、阅读、发短信、微信……

根据信息载体的不同，沟通分为语言沟通和非语言沟通。语言沟通包括书面沟通与口头沟通,非语言沟通主要有距离、声调、音量、声音节奏、手势、体语、衣着等。语言更擅长沟通的是信息,非语言更善于沟通的是人与人之间的思想和情感。想要在沟通中更好地把握气氛,需要有敏锐的感知能力,并能够对搜集到的信息进行正确的分析。

(三)分析矛盾,发现矛盾的误导性表现

人们有可能因为种种原因不愿意承认自己的感受,这时候,我们应当认真地倾听他人,只有接受尽可能完整的信息,才能了解对方的真正意图。通过倾听发现讲话者的出发点和弱点,了解是什么让其坚持己见,同时能够帮助讲话者梳理其思维逻辑,从混乱的思维中理出问题的根本,使交流更加清晰、准确。有效的倾听还可以帮助讲话者发展他们的思想,给予他们机会澄清自己想说的内容或激发他们做进一步的补充。

沟通过程中,当我们发现对方的语言和音调、语言和表情出现不匹配的情况时,只有通过进一步的谈话,认真倾听,才能从对方身上找到答案,得出正确的结论。

(四)自我评价

在与他人的交谈中,你的表现如何呢?常见的倾听类型有以下4种:

1. 敷衍型:一边听别人讲话,一边在考虑其他不相干的事。
2. 表面型:对方怎么说,自己就怎么听,也不问内在的隐含意义是什么,通常只能听到表面意思,不能深刻体会说话者实际要表达的想法。
3. 选择型:只听自己想听的或感兴趣的部分,一般只能看到

事物的局部,从而有可能导致决策失误。

4. 投入型:全身心都进入对方的谈话中,既听懂了对方的"话内音",又明确了对方的"话外音",为有效倾听。

你的表现与最终所取得的效果密切相关,适当地评价自己,懂得自我反省,交谈双方的关系将会更进一步。

(五)适时地向对方提出问题

想要谈话双方的话题顺利进行,还要学会适时地根据对方的谈话内容进行反馈、提问,引导对方继续。在交流的过程中,要注意给对方神态、语言上的回应。语言上可以用"然后呢?""面对这种情况,您怎么做的呢?""您是怎么做到的呢?"做好交流的承接。

提问时,根据问题是否预设答案,可将问题分为开放式和封闭式两种问题形式。

开放式问题以问答题的形式出现,通常使用"什么""如何""为什么"等词来发问,如"你喝点什么?"

封闭式问题以"选择题"或"是非题"的形式出现,通常使用"能不能""是……还是……"等词来发问,如"你喝茶还是咖啡?"

在提问时,少问带有引导性的问题,例如"难道你不认为这样是不对的吗?"这样的问题不利于收集信息,还会给对方增加压力或留下不好的印象。

五、情绪表达

情绪是复杂的但又是十分有效的信号系统,我们不仅需要具备解码这些信号的能力,而且还要具备发出信号的能力。表达情绪相对来说比较容易,但是,能够准确地做到这点绝非易事。有些人的表情解读起来很困难,他们发出的信号不太清晰或太微妙,很难捕捉;也有些人故意表现得毫无表情;还有些人过分表达自我,形成反作用力。

不能表达情绪意味着我们无法发出自己的信号,同时,我们的需要也可能无法得到满足。例如,你丢了一份存在电脑里的文件,这份文件正是当天一个重要会议上需要的,你很伤心,需要帮助,需要别人花时间帮你恢复那份电脑文件。你伤心的表情就有可能增加别人帮助你的几率,但是,如果你表现出很中性的情绪,甚至内心焦急脸上却淡定,别人不仅不会帮助你,可能还会觉得你对待工作满不在乎。

"会哭的孩子有奶吃",意喻善于运用情绪表达。我们再看一个生活中的实例:

小敏和小丽约好了下午3点一起去逛街,但一直到3点半还是不见小丽的身影,小敏给小丽打电话,也没有打通。小敏心里开始纳闷:她是不是忘了?给小丽宿舍的同学打电话,同学说她2点多就出去了。又过了10多分钟,小敏担心极了,坐立不安,小丽是不是出什么事了?这时,小丽却满脸笑容地出现了。

小丽兴高采烈地说:"对不起,让你等这么久,我碰到中学同学,就跟她聊了一会儿,没想到她现在奋斗得不错……"

小敏面无表情地站着,冷冷地打断了小丽的话:"我们赶快去逛逛吧。"整个下午,小敏的情绪一直很低落,两个人的行程也早早结束了。此后,小敏和小丽彼此之间就有些疏远了。

假设,小敏看到小丽满面笑容地出现时,说:"刚才一直联系不上你,我真是担心又着急,怕你出事儿,怎么会迟到这么久?"或者是,小丽听到小敏冷冷地说"我们赶快去逛逛吧"时,小丽说:"对不起了,让你等这么久,我知道等人真的很难受,你一定担心死了。"如果这样,小敏和小丽的关系或许会更亲密。

很多人在人际交往中为减少矛盾,选择压制自己的情绪,实际上,只要处理得当,在许多情况下,情绪表达不但不是自找麻烦的举动,反而会是解决问题的极佳策略。因为情绪表达不仅有助于释放压力,还可以增进彼此的了解,培养团队凝聚力,提高工作效率。如何用合适的方式在合适的场合表达情绪,不仅关系到自己能否在职场上游刃有余,还关系到自己的身心健康和幸福感。我们在表达情绪时要注意:目标适宜,方式适当,反应适度,不伤害他人。

表达情绪的小贴士:

(一)真诚

真实的表达有助于让别人了解你的感受,使问题更快地得到解决。真诚,能让别人更愿意接近你。

(二)就事论事

真诚并不代表肆意发泄,能够就事论事,说明自己是理性的,而非情绪化和神经质。

(三)运用无声的语言和幽默的态度

对于刚刚发生的一些小情绪,可以用无声的语言和幽默的态度来表达内心的不满。

（四）勇敢地交流

如果事情到了要和别人面对面说清楚的地步，就要勇敢地和他人交流，客观地、不推卸责任地表明产生情绪的原因。

六、情绪的作用

情绪会影响人的五脏，危及人体健康甚至生命。《素问·举痛论》曰："怒则气上，喜则气缓，悲则气消，恐则气下，寒则气收，炅则气泄，惊则气乱，劳则气耗，思则气结。"①《素问·阴阳应象大论》曰："怒伤肝，喜伤心，思伤脾，忧伤肺，恐伤肾。喜怒伤气，寒暑伤形。暴怒伤阴，暴喜伤阳。"②据史书记载，伍子胥过昭关，陷入进退两难的困境，结果因极度焦虑而一夜之间须发皆白。"伍子胥过韶关一夜愁白了头"是情绪改变组织结构和生命状态的最显著典故。成语"杯弓蛇影"的典故，讲述了客人见杯中弓影，以为是蛇在酒中，勉强喝下，因疑虑而生病，明白真相后，疑虑消失，沉疴顿愈的故事。

《黄帝内经》认为：某种情绪可以通过另一种情绪来调节。《素问·阴阳应象大论》曰："悲胜怒，恐胜喜，怒胜思，喜胜忧，思胜恐。"③《三国志·魏书·方技传》载有华佗以情绪治病的例子："一郡守病，佗以为其人盛怒则差，乃多受其货而不加治，无何弃去，留书骂之。郡守果大怒……守瞋恚既甚，吐黑血数升而愈。"④

---

① 田代华：《黄帝内经素问》，人民卫生出版社，2017，第75页。
② 同上，第9~11页。
③ 同上书。
④ 陈寿：《三国志》，中华书局，2014，第56页。

医学研究发现,长期压抑愤怒、有不安全感及不满情绪的人患癌症的概率会有所增加。这是因为不良情绪对人的机体免疫机能有抑制作用,削弱了免疫系统识别和消灭癌细胞的"免疫监视"作用。患者的情绪对疾病的发生、发展有十分重要的影响,当患者情绪高涨或对治疗充满信心时,常可使病情好转或趋于稳定;当患者对治疗失去信心或受到外界不良刺激而出现剧烈情绪波动时,其病情会极易恶化。

1965年9月7日,世界台球冠军争夺赛在纽约举行,比赛时,路易斯·福克思的得分遥遥领先,只要再得几分就能稳拿冠军,就在这时他发现一只苍蝇落在主球上,他挥挥手赶走了;但当他伏身击球时苍蝇又飞回来了,他起身驱赶,但苍蝇好像在跟他作对,他一回身,苍蝇就落在主球上,周围的观众发现了这个现象,开始哈哈大笑。当时,路易斯的情绪恶劣到了极点,终于失去了理智,愤怒地用球杆去击打苍蝇,结果碰到了主球,裁判判他击到了球,于是他失去了一轮机会。路易斯因此方寸大乱,连连失利,而对手约翰·迪瑞越战越勇,最后获得了冠军。第二天人们在河里发现了路易斯的尸体,他投河自尽了!本可以一笑了之的事情,竟因其情绪的失控,导致路易斯最后自杀的结局。

卡耐基有句名言:"一个人的成功,只有15%是由于他的专业技术,而85%是要靠人际关系和他做人处事的能力。"不能妥善处理自身情绪,会导致家庭矛盾、友情受损、自身受挫;擅长处理情绪的人,就是能很好地了解并控制自身感受的人,以及那些懂得并能有效处理他人感受的人,在人生的任何领域将具有优势,不管是在与人交往中,还是在工作和事业中,他们都能找到成功的关键。

七、情绪的传染性

在心理学上,有一个著名的"踢猫效应":一位父亲在公司受到了老板的批评,回到家就把在沙发上跳来跳去的孩子臭骂了一顿。孩子心里窝火,狠狠地去踹身边打滚的猫。猫逃到街上正好有一辆卡车开过来,司机赶紧避让,却把路边的老板撞伤了。"踢猫效应"描绘的就是一种典型的坏情绪的传染性。

全场欢呼雀跃的演唱会上,歌手活力四射,把台下观众的情绪调动到了最高峰,他们的歌声和舞姿令观众发狂,最重要的是他们的情绪让观众不由自主地跟着融入进去。看一些缠绵悱恻、凄惨悲苦的电视剧时,人们也常常被剧中人物演绎的悲情故事所感染,跟着剧中人物一起欢笑、一起流泪,这些都是情绪感染的力量。美国洛杉矶大学医学院的心理学家加利·斯梅尔做过这样一个实验:他让一个开朗、乐观的人与一位愁眉苦脸、抑郁难解的人同处一室,结果,不到半小时,这个原本乐观的人也开始变得长吁短叹起来。加利·斯梅尔经过进一步的实验证明:只需要 20 分钟时间,不良情绪就会在不知不觉中传染给别人。英国沃里克大学一项最新研究显示,无论好的、坏的情绪,都能在朋友圈里"传染"。研究人员分析了涉及在校青少年情绪与朋友圈关系的美国"青少年与成人健康国家纵向研究"的数据,借助数学建模发现,拥有"坏脾气朋友"越多,一个人越可能出现坏情绪,反之亦然。研究人员有证据表明:情绪,包括无助感、对事物失去兴趣这些抑郁症症状等,会在朋友圈里从一个人传给另一个人,即所谓"社会传染"。

一个家庭,一个团体,一个领域,乃至一个民族,都会在某一个事件中被高涨的情绪所影响,而这样的影响就像核弹一样裂变。正面情绪会产生巨大的正能量场,犹如我们的健康、科技、文化、产业发展,都是在一种相对正面的情绪传递中产生的;高校里的"全研究生宿舍""全奖学金宿舍",也是正面情绪传递的结果。负面情绪则会造成强大的负能量场,不仅危及健康、生命,还会造成群体恐慌等社会事件。2010年发生的富士康跳楼事件,从情绪管理上,就是一种传染。2006~2008年的"基金热","非典"时期的板蓝根、消毒液被恶炒,2011年的"抢盐风",更多的,也是情绪的传染。

管理者情绪的传播是最快的,因为每个人都在关注领导者的情绪变化,即使管理者出差或很少在公司,他的情绪也会直接传递给他的直接下属,与此同时会发生连锁反应传遍整个组织。影响团体 IQ 高低的主要因素并不是成员的平均智力,而是其成员的人际和谐程度,即 EQ。一个团体如存在严重的情感障碍(如恐惧、愤怒、恶性竞争、不平等待遇等),各成员的才能很难有效地发挥。

八、情绪和情商

无论积极情绪还是消极情绪,都是引发人们行动的动机,尽管一些情绪引发的行为看上去没有经过思考,但实际上都是个人权衡之后的表现,而这个权衡的过程,就是不同人情商高低的区别。情绪包括"对己"和"对人"两个方面。对己是感知、认识、理解、表达、控制、应付自己的情绪;对人是感知、体会、辨认、应对他人的情绪。情绪可以帮助我们思考,提高我们解决问题的能力,也会成为理性推理的助手。

积极的情绪可以激励人们不断地探索环境、拓展思维空间、扩大人们的技能库,使人们敢于与他人不同,帮助人们找到事物之间的联系。积极的情绪还可以增强社会联系,使社会网络更加稳固;可以保护人们不受消极事件或情绪的影响。如果给人们看一部可能引起消极情绪的电影,而且在电影过后要求他们微笑,结果显示,他们能够很快地从这个压力事件引起的生理影响中恢复过来。

近年来,消极情绪引发的不良后果被披露很多。然而,消极情绪也是十分重要的,因为它们以有益的、现实的方式提高人们的思维水平。消极的情绪要求我们改变现在的做法和思维,可以使我们关注的领域更集中,促使我们采取更加具体的行动。如果处于心情愉快的状态,我们既可以产生新奇、有趣的想法,也会更善于通过归纳解决问题;如果我们处于相对消极的状态,那么我们可以把注意力集中在细节问题上,解决逻辑推理问题,如检查文件中的错误。

从某种意义上,高情商是指情绪必须以有意义的方法促进并协助我们的思维过程,而不仅仅是影响我们的思维过程。

情绪不仅包含重要的信息和数据,而且还可以将我们的注意力集中在周围环境中比较重要的事情上。因此,当我们感到害怕的时候,我们就会集中注意力在周围的环境上,寻找可能存在的危险,并且调动身体的相关部位,做好战斗或逃跑的准备。当我们开心的时候,我们的能量和注意力就会得到释放,于是就会大胆地探索周围的世界,寻找新的发现。

情绪还会直接影响到思维。当人们能够进入或者离开某种情绪状态时,他们就会从不同的角度看待事物,这些角度的变化往往可以形成看待世界的不同方式。不同的情绪会对不同类别的思维发挥作用,运用好这种能力可以使我们的情商变得更高。如在校对文章之前产生一种中性的情绪能促进工作的效率、保证工作的质量;在参加颁奖典礼之前产生积极的情绪,参加葬礼则需要产生消极的情绪,则是与当前的场景吻合。

因为情绪和感情紧密相连,所以擅长运用情绪推动思维的人更擅长激励别人。这些人凭直觉就会知道什么可以鼓舞人、激励人、打动人,这也是管理和领导的高情商所在。美国著名的黑人领袖马丁·路德·金的那篇《我有一个梦想》的演说中慷慨激昂的话语,数年后依然能让人心潮澎湃。

情商包含4项能力:判断他人的情绪;利用情绪推动思维;理解情绪产生的原因;将情绪融入决策之中,做出生活中的最佳选择。一个人不仅要学习管理自己的情绪,还要学习如何面对他人的情绪,这就是一个人情商的体现。

第二节 导致低情商的坏情绪

一、抱怨,让人生一片黯淡

《论语·宪问》中,子曰:"不怨天,不尤人,下学而上达,知我者其天乎?"这句话的意思是,孔子说:"不埋怨上天给的命运,不在遇到挫折时怨恨别人,通过学习平常的知识,理解其中高深的哲理。了解我的大概只有上天了。"春秋时期,孔子终生为实现自己的主张而忙碌奔波,但很少有人采纳他的政治主张,孔子对学生发出感慨,子贡问为什么,孔子说自己不怨天、不尤人,下学而上达,努力学习一些平常的知识,透彻了解很多的道理,只有老天才能了解自己。后来,从该句话中衍生出成语"怨天尤人"。戴尔·卡内基先生的30条沟通人际关系的原则中,第一条就是"不批评、不责备、不抱怨"。抱怨会让我们陷入一种负面的生活、工作状态中,常常在他人身上找缺点,包括最亲密的人。不抱怨的人一定是最快乐的人,没有抱怨的世界一定最令人向往。阿里巴巴集团董事局原主席兼首席执行官马云曾说:"永不抱怨的人生态度才是第一位的。"原世界首富比尔·盖茨也说过:"人生是不公平的,习惯去接受它吧。请记住,永远都不要抱怨!"

抱怨,是一种非常消极的人生态度,它会在不经意间催生出很多负面情绪,在不知不觉中影响我们的生活,甚至毁掉一个人的一生。有抱怨习惯的人终日郁郁寡欢,无法拥有幸福的人生,品尝不到生活的快乐。抱怨的人还很容易将这种负面情绪传染给其他人,让自己身边的人也情绪低落、郁闷不已。

一则古老的寓言

有一个年轻的农夫,划着小船,给另一个村子的居民运送自家的农产品。那天酷热难耐,农夫汗流浃背,苦不堪言。他心急火燎地划着小船,希望赶紧完成运送任务,以便在天黑前能返回家中。突然,农夫发现,前面有一只小船,沿河而下,迎面向自己快速驶来。眼看两只船就要撞上了,但那只船并没有丝毫避让的意思,似乎是有意要撞翻农夫的小船。

"让开,你快点儿让开!你这个白痴!"农夫大声地向对面的船吼叫道,"再不让开你就要撞上我了!"但农夫的吼叫完全没有用,尽管农夫手忙脚乱地企图让开水道,但为时已晚,那只船还是重重地撞上了他的船。农夫被激怒了,他厉声斥责道:"你会不会驾船?这么宽的河面,你竟然撞到我的船上!"但当农夫怒目审视对面的小船时,他吃惊地发现,小船上空无一人。听他大呼小叫、厉声斥骂的只是一只挣脱了绳索、顺河漂流的空船。

在多数情况下,当人责难、怒吼的时候,听众或许只是一只"空船"。那些一再抱怨的人和事,绝不会因为斥责而改变航向。古人早就劝诫人们要停止抱怨。然而,直到今天,我们仍喋喋不休地抱怨工作的压力、生活的烦恼、情感的波折。

高情商人士在遇到困难阻碍时,也会产生怨气,但是他们往往能抑制住自己的抱怨冲动,理性地去分析局面,做出能扭转局面的事情,而不是将时间和精力用在数落别人的错误上。

不抱怨的丹萍

一个刚毕业不久的女孩儿丹萍带着自己精心制作的作品到一家知名的广告公司去面试,她抽到的面试号是最后一个,漫长的等待过程让她有些紧张,为了舒缓疲劳,她向广告公司的人要了一杯温水,接待人员在给丹萍拿水的时候,不小心将水打翻了,水全洒到了那张作品上,作品被水打湿了,变得皱巴巴的,线条也变得模糊不清。

丹萍一下子愣住了,该怎么办?这可是一会儿面试要用的作品啊,没有作品怎么向面试官展示自己的创意和构思呢?她有点沮丧,但是她知道现在抱怨工作人员没有任何作用,抱怨自己倒霉也没有用。她稍微整理了一下思路,赶紧向接待人员要了一张纸和一支笔,在有限的时间里,她认真地将自己的作品在白纸上再次描述了一遍。

在面试的过程中,她流利地向面试官讲述了自己作品的构思,并解释了没有足够的时间将作品表现得更细致的原因。结果,丹萍从众多的面试者中脱颖而出,成为录用者中的一员。作为主考官的部门经理后来告诉她:"广告注重创意和变通,你的作品做得很简单,但是创意却很明确。更难能可贵的是,遇到事情的时候,你首先想到的是如何解决,而不是抱怨,这种品质正是我们公司看重的。"

与其一味地抱怨,不如努力尝试改变现状,将生活变得更好。只要能从现状看到转机,正确的行动,加上持之以恒的决心,再难的事情也会随着努力而改变,多大的麻烦也能变得有头绪,多复杂的局面也能被化解。

车到山前必有路,只要有突破困境的愿望、改变抱怨的态度,积极地去做当下应该做的事情,就一定能克服困难,向追求的目标前进。那么,到底如何才能改变抱怨的恶习呢?

(一)培养自己的责任心

一定要告诉自己:"我愿意承担起生活中各个方面的责任。"抱怨更多的是推卸责任,不想让自己成为为事情负责的主体。

(二)放弃控制别人

有的人喜欢抱怨,源自心里有想去控制别人的念头。当自己的目的不能达到时,就容易用抱怨的方式还击。其实爱抱怨的人,无非就是想获得别人的同情和关注,使自己的心理获得某种平衡。但这样做,只会使人变得越来越差、越来越空洞贫乏。

(三)不为自己的不努力找借口

有的人抱怨父母没有给他一个好的条件,有的人抱怨同学没有同理心,有的人抱怨工作不如意、老板太苛刻,有的人抱怨周边的人都不理解自己,抱怨的时候,把自己变成了受害者,为自己的挫败找冠冕堂皇的理由,也为自己的不努力找到了源头。

(四) 换用积极思维

当一个人意识到自己在抱怨时,不要说出来,应该立刻换个想法。比如一个女孩抱怨男友,他不爱我了,他太花心了!不妨换个想法:女人要是有魅力,才不会怕他花心呢!想到工作难找,自己就业压力大时,换个想法:就业压力大,才会促使自己储备更多的知识和素质,自己的能力会更强!想到房子太贵,抱怨自己负担不起时,换个想法:我有钱了一定买,但必须努力工作。这样改变思维,经常给自己的大脑积极的暗示,调整好自己,永远能使一切往好的方向发展。

(五) 强制自己不抱怨

准备一个手环、手链或其他随身物品,当发现自己正在抱怨、讲闲话时,就把手环、手链移到另一只手上,或者把随身物品移到另一个口袋中。如此交替更换,直到达成连续21天不抱怨、不批评、不讲闲话的目标为止。

二、恐惧,摧毁人一生的可怕情绪

《诗经·小旻》有"战战兢兢,如临深渊,如履薄冰",大意是:整天战战兢兢,如同面临万丈深渊,如同行走在薄冰上。先言惊惧恐怖的情状,再用两个比喻加以形容,显得形象生动,十分传神,描写出了人们在乱世或险恶的处境中小心谨慎,唯恐招祸的心理和惊惧的神态。美国小说家威廉·福克纳曾说："最卑劣的情操莫过于恐惧。"英国作家约·康拉德也曾说："一个人可以摧毁自己心中的一切：爱、恨、信仰，甚至怀疑，但是只要他仍在生活，他就无法摧毁恐惧。"

恐惧，是因受到威胁而产生并伴随着逃避愿望的情绪反应。每一个人在生活中都有害怕的东西，都会遇到害怕的事情，恐惧对人的身心都能造成一定的危害。恐惧产生时，常会让人心跳加速或心律不齐、呼吸短促或停顿、嘴唇颤抖、身冒冷汗、四肢无力等等，还会导致或促使身体疾病的发生。另一方面，恐惧会使人的知觉、记忆和思维过程发生障碍，失去对当前情景分析、判断的能力，并使行为失调。如遭遇过地震的人，在遇到房屋晃动或其他紧急的情况时，会慌乱、不知所措、争先恐后往外跑，甚至跳楼。

恐惧会让人整日生活在不安中，无暇感受生活的美好、体验成功的人生，甚至会付出生命的代价。

萨尔是一名草药实习生，一次，他跟随导师到一座深山寻找草药，当地居民告诉他：有一种毒蛇喜欢徘徊在草药周围，寻找草药时要小心。一天下午，天气发生巨变，阴沉沉的越变越暗，像是有大雨要降落，萨尔急匆匆地返回。返回途中，他脚下一滑，摔倒在地，在倒下的一刹那，他看到了当地居民说的那种毒蛇，而他就倒在了毒蛇身上，立即被毒蛇咬死，脸上出现了惊恐和毒液侵蚀的景象。但当人们找到他时，却发现他身下的其实是几种颜色混合、用来捆树枝的布绳。萨尔，是死于自己对毒蛇的恐惧。

面对危险，很多时候人们失败甚至丧生，不是这个危险有多可怕,而是因为自己内心产生了过分的恐惧,过分的恐惧成了人们的一种负担。虽然恐惧是趋利避害的生存经验,但是对于一些不必要的东西,过度恐惧会影响人们的正常生活。那么,怎么摆脱不必要的恐惧呢?

恐惧,是害怕事物本来的样子,还是害怕人们认为的样子?与一个问题抵抗、主宰、争斗或筑墙防卫,只会制造更进一步的冲突。恐惧的存在是因为人从不真正地正视恐惧,从不愿和它完全交流。然而,如果人们能了解恐惧,逐步地进入、探究它的所有内容,那么恐惧便无法以任何形式回来。要摆脱对某种东西的恐惧,人需要的是深入了解它,而不是被以往的经验认知和观念蒙蔽,给它套上恐惧的标签。当一个人发现了思想是如何助长恐惧时,恐惧就会止息下来。

战胜"毛毛虫"的女孩儿

有一个女孩儿,从小特别怕毛毛虫,她一看到毛毛虫,就会头上冒冷汗,脸色发白,手脚冰凉,感觉寒气从心底升起。

女孩儿长大后做了妈妈,有一天,她带3岁的女儿出去玩,正玩得高兴,看到路边有一条毛毛虫,顿时,她站在原地,没有了笑容,手脚开始冰凉,恐惧已爬上她的心头。女儿感受到了妈妈的异常,被她的表情吓住了,颤巍巍地问:"妈妈,你怎么了?"女儿眼中流露出的恐惧,把她拉回记忆中的小时候,曾几何时,她和自己的妈妈一样毫无来由地怕毛毛虫。她意识到,她已经将这种恐惧传染给了女儿。

她长长地舒一口气,努力调整了自己的恐惧情绪,放缓自己的异常表情,蹲下来拉着女儿的手,指着旁边的毛毛虫,微笑着对女儿说:"妈妈看到了这只可爱的毛毛虫,妈妈很惊讶,在想它什么时候能变成美丽的蝴蝶。"女儿眼中的恐惧被好奇代替:"它能变蝴蝶吗?"

"是啊,妈妈给你讲一个毛毛虫变蝴蝶的故事……"她拉着女儿的手,轻松地为女儿讲了毛毛虫"化蛹成蝶"的故事,并从手机上为女儿搜索了毛毛虫蜕变的图片。女儿欣喜地去观察毛毛虫,并伸出稚嫩的小手去抚摸了毛毛虫一下,兴奋地对妈妈说:"它的身体好柔软,好可爱!它还会变成会飞的小动物,好神奇啊!"

"是啊,是件神奇的事情。"女孩儿发现更神奇的是,她多年来对毛毛虫的恐惧也从此消失了……

当与恐惧"狭路相逢"的时候,女孩儿没有再逃避,而是勇敢地走到恐惧面前,以积极的思想代替消极的思想去考虑问题,最终战胜了恐惧,并有效制止了恐惧的传染,开心地与女儿享受生活的美好。生活的道路不可能一帆风顺,人的一生会遇到很多的坎坷与困难,但也有很多的困难是自己想象出来的。对未知的恐惧会捆住人们的手脚,还没反击就已经投降,恐惧让人终日惶惶不安,一无所成。当恐惧产生时,我们可以采取以下方式去克服。

(一)正视恐惧

把让自己害怕的事情清楚地写下来,知道自己害怕什么,才能找到相对应的克服恐惧的办法。

(二)放轻松

当内心产生恐惧时,有意识地放松自己,会大大缓解恐惧的情绪。

(三) 提升自己

很多恐惧来自于无知,面对一个从未见过的事物,人们不知道它会产生什么样的影响,了解之后,恐惧情绪会慢慢减少。

(四) 坚定信仰

信念的力量是强大的,信念强大,恐惧就会减少。

(五) 增强包容

既要肯定自己、相信自己的能力,也要接受生活中的不完美,"金无足赤,人无完人",要允许自身缺点的存在,不要过于害怕让别人失望,不患得患失。

三、抑郁,爱纠缠人的"精神感冒"

"花自飘零水自流,一种相思,两处闲愁。此情无计可消除,才下眉头,却上心头。"[1]浅浅淡淡的忧愁,给人"我见犹怜"的遐想。但如果任由这种忧愁长久不下眉头、伫立心头,成了"帘卷西风,人比黄花瘦"[2],变成了持续性、顽固性哀愁,就转化成了抑郁。

抑郁,就好像透过一层黑色玻璃看一切事物,是现代社会常见的一个名词。有人说,抑郁是一种精神感冒,因为抑郁的人会显得缺乏自信,感到身体能量有明显降低的现象:"没有一件事做对了""我彻底完蛋了""我无能为力"……无论做什么、看什么,都无

---

[1] 李清照:《一剪梅·红藕香残玉簟秋》。
[2] 李清照:《醉花阴·薄雾浓云愁永昼》。

法从中体会到快乐。当工作、学习、生活中出了一点毛病,或思想开了小差,就认为:我已经失去了成功的能力。"侬今葬花人笑痴,他年葬侬知是谁?"①唯美的葬花景,也让人感到内心道不尽的哀怨和发自心底的悲凉。

抑郁的小敏

小敏是一名大四的学生,此刻,她坐在窗台边的椅子上,眼睛望向窗外,空洞冰冷,仿佛整个世界都与自己无关,天气灰蒙蒙的,犹如她的心情一般。她不知道自己多久没笑过了,痛苦、压抑充斥着她的内心。

半年前,相处了3年的男朋友提出了分手,她怎么都想不明白,他怎么会提出分手?小敏很喜欢他,可以说,他是她的精神支柱,一直以来,她都很紧张这份感情,都在精心地照顾她的男朋友,可最终还是分手了。失恋让她心碎,她开始怀疑人生,开始变得敏感,别人的一点点忽视、一个无心的玩笑,她都认为是别人不喜欢自己、针对自己的表现。偶然一次老师交给她的任务又出错了,小敏很自责,觉得自己一点用都没有,老师一定不喜欢自己了。她开始推脱,逃避老师给的任务,逃避老师、同学、朋友,逃避一切认识的人,她的情绪变得更加低落,就连自己喜欢看的韩剧也没有了兴趣。她什么都不想干,每天浑浑噩噩,觉得自己一无是处,她感觉自己掉进了黑暗的深井中,绝望,看不到未来。

抑郁,已经像受污染的空气一样包围了她。

---

① 曹雪芹、高鹗:《红楼梦》第二十七回,中华书局,2005,第196页。

这种不快乐反应的产生,大多数是源于对自我的否定、内心的负面想法以及自尊心受到了打击。失恋了,她的想法是"我不值得被爱"——她开始怀疑自己的价值;与同学交往中,别人的一点点忽视,她的想法又是"因为我不够好,她们都不喜欢我"——她在自卑的泥潭中越陷越深;学习中遇到挫折时,她的想法是"我真没用,老师都不喜欢我"。这些负面的想法,让她越来越看轻自己,慢慢地导致了她对自身价值的否定,甚至对未来感到悲观和绝望,一步步滑入抑郁症的深潭。

海明威,挣脱不了抑郁的罗网

美国著名作家海明威的生活经历并非像外人想象的那样,充满文学家的浪漫与激情,相反却处处是紧张与压力,甚至他的内心还时常经受着痛苦而复杂的变化。他曾企图利用各种各样的方式逃避与摆脱沮丧、低落的情绪,如不停歇地旅行冒险、不停地寻求各种刺激等。海明威总想在身体上企求生存,可是他在心理上却渴望着死亡。"你尽可以把他消灭掉,可就是打不败他",这是《老人与海》中老人的内心独白,也是海明威一生的写照。抑郁,就像一张挣脱不了的罗网,将这位文学巨匠紧紧地缠绕。

为了挣脱焦虑与忧郁情绪,海明威曾不断寻求女人与烈酒的刺激,他曾跟许多女人有过关系,结过许多次婚,搬过很多次家;饮酒从红葡萄酒到威士忌,最后到伏特加,但是仍无济于事。他像一只被凶恶老鹰穷追不舍的猎物,被追得走投无路、无处藏匿。终于在1961年夏日的一天,他用子弹结束了自己顽强拼搏的一生。

这一年,海明威62岁。

抑郁,是人们常见的情绪困扰,是一种因感到无力应付外界压力而产生的消极情绪,常常伴有厌恶、痛苦、羞愧、自卑等心理状态,严重时会导致抑郁症,使人无法过正常的生活。赶走抑郁,最终、最有效的医生还是自己。面对抑郁心理,最重要的是自己要有强烈的求生、求治愈的欲望,就像闹钟无法叫醒一个装睡的人一样,再高明的医生、再先进的治疗手段,也无法治愈一个毫无求生欲的抑郁者。

当意识到自身具有抑郁情绪时,可以采取以下几种方法之一进行自我调节:

(一)自然陶冶法

人的一生,充满了各种各样的喜怒哀乐,当一个人心情不好的时候可以投身于大自然的怀抱,置身于海滨、山谷、森林、旷野、田园、湖畔等处,美景能让人心情愉悦、舒畅,更能体会到大自然的伟大,这些都对改变不良情绪有帮助。

(二)语言调节法

忧愁与苦闷,都可以通过语言进行抑制,有时造成自己不良情绪的,可能仅仅是一件小事或对某人某事的一种误解,在与人交流的过程中,就能够打开自己的心结。即使是不出声的内部语言也能帮助人调节自己的情绪,有时,自己与自己的"双角色"对话,更能找到自己情绪的问题所在,从而调节自我。

(三)自我转移法

当意识到自己处于抑郁情绪中时,有意识地将自己的思维活动从消极的、不愉快的情绪上转移到另外的情绪状态中去,从而摆脱消极、不良情绪的围绕,或将自己的注意力转移到另一种能引起其他情绪状态的事物上。也可以用理智来克制感情,用理智来战胜感情。当意识到自己陷入不良情绪的时候,去做一些自己喜欢的事情,会极大地调节自己的情绪。

(四)心理释放法

有了不良情绪,一定不要对其进行压抑,而要通过合适的渠道将其释放。如听音乐、看电影、大哭、大笑等适合自己的方式,这种心理方法在调节与克服人的不良情绪上十分有效。

(五)运动疗法

锻炼可以给人一种轻松和自己做主的感觉,有益于克服忧郁带来的孤独感,尤其是在强烈运动后,筋疲力尽而又大汗淋漓的状态,可以一扫心头阴霾。当心情抑郁的时候,可以采取跑步、跳绳、跳健身舞或健美操、散步等方式,或者定期参加篮球、排球、羽毛球、乒乓球、歌唱团、登山、旅游等各项集体性运动来舒缓心情。

抑郁是一个人所处的一种心理状态,是一种妥协于情绪的表现,但它并不可怕,它只是人性的一部分,是完全能够战胜的,要正确地认识它、理解它,并且积极应对。抑郁情绪如果不能得到很好的调节,任其发展下去,就会慢慢演变成抑郁症。抑郁症被视为常见的心理疾病,号称"第一心理杀手",抑郁症患者有痛苦的内心体验,是"世界上最消极悲伤的人"。

四、仇恨，伤害别人、惩罚自己的"烈火"

"人生自是有情痴，此恨不关风与月。"①仇恨是仇视愤恨，对他人怀有强烈的敌意，它隐藏在人性的内心深处，一旦触及便会迅速地膨胀，控制人的思想。人生活在社会中，无时无刻不在与外界发生交集，总会有矛盾，每个人心中都或多或少有仇恨的火种，我们所能做的，是用人性美好的甘泉去浇灭那些忽隐忽现的火星，不要将仇恨储存在内心深处，将仇恨释怀。

古希腊神话里，有一则"仇恨袋"的故事，说的是一个威风凛凛的大力士名叫赫格利斯，他从来都是所向披靡、无人能敌的，因此，他是何等地踌躇满志、春风得意，唯一的遗憾就是找不到对手。

有一天，他行走在一条狭窄的山路上，突然，一个趔趄，他险些被绊倒。他定睛一瞧，原来脚下躺着一只袋囊。他猛踢一脚，那只袋囊非但纹丝不动，反而气鼓鼓地膨胀起来。赫格利斯恼怒了，挥起拳头又朝它狠狠一击，但它依然如故，仍迅速地膨胀着；赫格利斯暴跳如雷，拾取一根木棒朝它砸个不停，但袋囊却越胀越大，最后将整个山道都堵得严严实实。气急败坏却又无可奈何之下，赫格利斯累得躺在地上，气喘吁吁。

不一会儿，一位智者走来，见此情景，困惑不解。赫格利斯懊丧地说："这个东西真可恶，存心跟我过不去，把我的路

---

① 欧阳修：《玉楼春·尊前拟把归期说》。

给堵死了。"智者淡淡一笑，平静地说："朋友，它叫'仇恨袋'。当初，如果你不理会它，或者干脆绕开它，它就不会跟你过不去，也不至于把你的路给堵死了。"

人生在世，人际间的摩擦、误解乃至纠葛、恩怨总是在所难免，如果肩上扛着"仇恨袋"，心中装着"仇恨袋"，生活只会是如负重登山，举步维艰了，最后只会堵死自己的路。大多数人都一直以为，只要自己不原谅对方，就可以让对方得到一些教训。实际上，不原谅别人，表面上是那人不好，其实真正倒霉的人是自己，使自己生气，有可能影响睡眠、食欲，更有甚者可能会气出病来。除去不原谅对方，报复也是人们惯用的对待仇恨的方式。"睚眦必报""以其人之道还治其人之身"是人世间流传下来的用报复对待仇恨的方式。

"仇恨"和"复仇"一直是从古到今的文学作品中经久不衰的永恒主题，忠臣良将的"忍辱负重""誓死报国"，游侠的"替天行道""行侠仗义"，让人不由为主人公的"国仇家恨"而"同仇敌忾"，当"报仇雪恨"时又"大快人心"。在《礼记·曲礼》中有"父之仇弗与共戴天"；《周礼·地官·调人》中有"父之仇，辟诸海外则得与共戴天，此不共戴天者，谓孝子之心不许共仇人戴天，必杀之乃止"。古代，父为子之天，杀人父亲，是杀之天，为人子者必须报杀父之仇，不可与杀父仇人共处于天下，能否报杀父母之仇，是孝与不孝的一个重要标准。"有仇不报非君子"，不忘仇恨是被社会认可并为社会赞扬和鼓励的行为。在中国几千年的历史上，不管是"卧薪尝胆"的君王，还是"报仇雪耻"的臣民，都名垂青史，备受后人称赞。战国时，信陵君为如姬报杀父之仇，后来，如姬毅然为信陵君窃虎符"围魏救赵"。《史记·刺客列传》中曹沫、专诸、豫让、聂政、荆轲5位刺客，为狭义、恩义，不惜己身以帮人牢记仇恨，完成复仇。"风萧萧兮易水寒，壮士一去兮不复还"里全然没有"秦统一乃大势所趋，天下之势，分久必合，合久必分"，只有"侠肝义胆"的悲壮。骆宾王的一首《于易水送人》："此地别燕丹，壮士发冲冠。昔时人已没，今日水犹寒。"所咏所怀，也是"复仇"时的激昂慷慨。

中国古代对于仇恨的记忆和复仇，是在当时法律许可范围内的。在原始社会，没有公权力，不存在法律，个人、氏族有责任牢记仇恨，群起而复仇，从而保证个人和氏族的利益；在奴隶社会，当时的法律赋予了人们复仇的权利；而在封建社会，国家意识到私人复仇的危害性，就明令禁止私人复仇，更多的是用法律。但在古代封建司法制度不健全的情况下，极易发生司法人员曲法为情，官吏徇私舞弊致使司法腐败，或是帝王通过赦免等方式对司法予以干预，导致严重不公平的事件发生，铭记仇恨、私人复仇成了刑法的某种补充，从而复仇也得到了同情和宽容。

随着社会的发展，法律制度的逐步完善，仇恨的解决方式便有法可依、有律可循，人们应更加理性地去看待"仇恨""复仇""报复"。报复是一把双刃剑，它不但会伤害到别人，还会让自己落入仇恨的陷阱。哈佛教授教育学生："生存不是为了仇恨，不要将仇恨作为生存的意义，放弃仇恨，生活会更有意义。"报复不仅不能实现对别人的打击，反倒对自己的内心是一种摧残。马克·吐温曾说："紫罗兰把它的香气留在那踩扁了它的脚踝上，这就是宽恕。"

巧除仇恨的小沙弥

小沙弥去担水，回来的路上被蛇咬了。回寺院处理好伤口之后,小沙弥找到一根长长的竹竿,准备去打蛇。慧清法师见状,过来询问。小沙弥把事情对慧清法师讲了,法师问事发地点在哪里,小沙弥说在寺院北坡的草地。

慧清法师又问道:"你的伤口还疼吗?"小沙弥说不疼了。

"既然不疼了,为什么还要去打蛇?"

"因为我恨它!"

"它咬疼了你,你就恨它,那你踩疼了它,它也恨你,也该咬你。你们双方因恨结怨,可你是人,你该早些放下心头的仇恨。"

小沙弥一脸的不服:"可我不是圣人,做不到心中无恨。"

慧清法师微微笑道:"圣人不是没有仇恨,而是善于化解仇恨。"

小沙弥抢白说:"难道说我把被蛇咬当作被松果打中脑袋,或者半路被雨淋一样,我就成了圣人?如此说来,做圣人也太容易了吧!"

慧清法师摇摇头:"圣人不仅只是懂得化解自己的仇恨,更善于化解对方的仇恨。"

小沙弥怔住了,呆呆地望着慧清法师。

法师说:"世人对待仇恨有三种做法。

第一种是记仇,等于在心里搁了一块土坷垃,自己总是生活在恨意带来的痛苦中;

第二种是尽快忘掉仇恨,还自己平和与快乐,等于把土坷垃弄碎,在上面种了花;

第三种是主动与仇人和解,解开对方的心结,等于把花朵赠给对方。

能做到第三种,就与圣人的境界差不远了。"

小沙弥点点头。

不久，北坡草地上出现了一条高于地面的窄窄的石板路，那是小沙弥修建的，之后这里再也没有发生过蛇伤人的事情。

五、客观地看待仇恨

作为现代人，要客观地看待仇恨，不能觉得有"仇恨"情绪就是不好的。仇恨情绪的出现，从另一方面说明此人具有血性和才情。"靖康耻，犹未雪，臣子恨，何时灭""壮志饥餐胡虏肉，笑谈渴饮匈奴血"，恨入骨髓，却更显家国情怀；"东风不为吹愁去，春日偏能惹恨长"，怨恨满满却能让人真切地感受到诗人的怀才不遇；"天长地久有时尽，此恨绵绵无绝期"，恨意无边，让人感受到的是深入骨髓的爱意绵绵。

在感到愤恨的时候，要分析让人产生仇恨的事情，是国仇家恨？或是抑郁不平？或是自寻烦恼？国仇家恨，是每个人都要铭记于心、发奋图强、励精图治、念念不忘的。如果是受到不公平待遇，则要从事物的两面性上去看待。如果个人能改变现状，要努力地更改局面，如果短期内不能更改，可以换个环境或是提升自己的能力，以站在绝对的高度。如果是个人私事带来的仇恨，不妨选择放下和原谅。斯蒂芬·茨威格在《异端的权利》中这样说过：良心上干净的人说话总是有节制的，而那些狂热分子却不断散发恐怖和仇恨。心灵一旦被仇恨蒙蔽，那么世界就是一片黑暗。那些狂热分子是不能完成精神上的伟大成就的；那些沉默、镇静、学会自制和温和的人才能将精神发挥至极限。生活、学习、工作是需要双赢的，而仇恨无疑是破坏双赢的利器，心怀仇恨，必定会导致两败俱伤。人们放下仇恨不是去赦免制造仇恨的人，而是让自己的内心重获自由。人们可以通过以下几个步骤来放下仇恨。

（一）下定决心不再痛苦

只要伤害还存在，仇恨就不可能消失，原谅就不会开始。面对那个犯下错误的人，受到伤害的人可能无能为力，只能被自己所受的伤害折磨，首先让自己不要为别人犯下的错误而痛苦，走出痛苦的深渊，不再让自己为别人的错误负责。如果涉及身心方面受到的重创，要借助法律手段强迫施害人承担责任。

（二）承认错误的存在

忘记伤害是人的一种自我保护机制，它可以让人逃避痛苦。但是，隐藏在无意识中的那些仇恨会变得越来越强烈，迟早会更加剧烈地爆发，这将会给自己带来更大的伤害。施害者犯了错误，是有罪的，认识到这一点对受害人继续自己的生活很有必要。精神分析师卡布里娜·若班曾说："把罪责退还给施害人就是重建自己。"这样做能让人免除一些心理疾病，消除不断出现的负面情绪。

（三）表达愤怒

为了放下仇恨，原谅对方，受害人必须向施害人表达愤怒，就是要承认痛苦，并愿意把痛苦发泄出来。攻击，生气，甚至是仇恨，在第一时间都是有效的，这些都是一个人心理健康的表现，这表示受害人不愿意把施害人的错误放在自己的身上。正如卡布里娜·若班所说："仇恨是很强烈的负面情绪，我们无法使它自己消失。如果不把这种负面情绪转回给肇事者，它就会来伤害自己。"在表达愤怒时,如果不愿意直接面对肇事者,可以写下自己的感受,写下对方对自己的伤害,再把它和自己最信任的人分享,将自己的愤怒转移出自己的内心世界。

(四) 停止负罪感

回想起那些令自己受到伤害的场景,很多受害人都会产生一定的自我负罪感,自责当时没有采取更好的方法来解决问题。这时我们应当客观地看待负罪感,正确看待痛苦,弄清楚自己到底在哪方面受到了伤害。骄傲?名誉?尊严?伤害了自己什么?这个过程要求受害人放弃理想的自我,不过多责备自己。

(五) 理解施加仇恨的人

仇恨可以成为人们面对攻击时反击的动力,但如果长期陷入仇恨的情绪中,会毁了一个人的生活。要摆脱这样的困境,学会换位思考,理解对方的行为,理解对方的行为动机,看出对方的弱点和不足。

(六) 循序渐进地原谅

原谅需要时间,太快的原谅没有意义,也不会让任何人得到帮助,最好的时机是等到原谅的念头自己浮现的时候。太快的原谅会被施害者认为是一种赦免,对受害人来说也是一种欺骗,因为受害人内心还有仇恨的情绪,即使是无意识的;同时,太快的原谅带来的危险就是使受害人有再次受到伤害的可能。

(七) 重新积极生活

当一个人对对方所做的事不再感到气愤和仇恨,重新积极面对生活时,就是真正地放下仇恨,原谅对方。原谅可以让痛苦解脱,让伤害变成生活的动力,甚至让一个人变得更强大。正如尼珂·法布尔所说:"原谅是自己的壮大,是让自己的内心给别人腾出一个位置。真正的自我解放道路就是要超越原谅的脚步。"

只有让仇恨的乌云散去,才能拥有正能量;拥有好的心态与氛围,才能走向最终的成功。

夫达也者,质直而好义,察言而观色,虑以下人。在邦必达,在家必达。①

世事洞明皆学问,人情练达即文章。②

第四章 管理情绪与情商提升

善于了解他人,知道他人所思、所想,是一个人拥有高情商的表现。高情商者在社交生活中不盲目、不迷糊,他们能够根据对方的言行、微表情等,识别他人的情绪,并采取相应的措施,获得良好的人际关系,取得较大的成功。

第一节 管理情绪

自制克己,面对命运之神的打击,安然经受住情绪的风暴,避免沦为"激情的奴隶"一直被认为是一种美德。

唐太宗超迈古今帝王成为千古一帝,正是因为"克己"。魏徵的谏太宗《十思疏》中所写:"君人者,诚能见可欲则思知足以自戒,将有作则思知止以安人,念高危则思谦冲而自牧,惧满溢则思

---

① 《论语·颜渊》。
② 《红楼梦》第五回,中华书局,2005,第30页。

江海下百川,乐盘游则思三驱以为度,忧懈怠则思慎始而敬终,虑壅蔽则思虚心以纳下,想谗邪则思正身以黜恶,恩所加则思无因喜以谬赏,罚所及则思无因怒而滥刑。"①几乎条条都是针对人性的弱点,告诫太宗在方方面面要约束自己。太宗亲自撰写了《帝范》一书,包括《君体》《建亲》《求贤》《审官》《纳谏》《去谗》《戒盈》《崇俭》《赏罚》《务农》《阅武》《崇文》等,篇篇都是讨论皇帝的行为规范,其中的核心不是如何约束臣下,而是如何克制自己、警示自己:"战战兢兢,若临渊而驭朽;日慎一日,思善始而令终。"②唐太宗还总结了"以铜为镜,可以正衣冠;以古为镜,可以知兴替;以人为镜,可以明得失"的千古名言。宋朝史家范祖禹评价唐太宗说:"迹其性本强悍,勇不顾亲,而能畏义而好贤,屈己以从谏,刻厉矫揉力于为善,此所以致贞观之治也。"意思是说唐太宗本来是一个彪悍勇武之人,可是他能够对道义保持敬畏,对贤者保持尊敬,不固执己见,听从臣下的谏诤,努力改过迁善。总结起来,就是"克己"二字。

每一种情绪都有它存在的价值和意义,一个心理健康的人从不否定自己情绪的存在,而会给出一个适当的空间允许自己有负面情绪。亚里士多德曾说过:"我们需要的是恰当的情绪,对环境恰如其分的感知。"情绪过于模糊,就会产生乏味和隔离;情绪失去控制,过于极端,持续时间过长,就会变成一种病态,如抑郁、过度焦虑、愤怒、狂躁等。管理情绪的目的是实现平衡,做情绪的主人,善用情绪的价值和功能,而不是任由它左右人们的思想和行为。马卡连柯曾说:"不会抑制自己的人,就是一台被损坏了的机

---

① 吴兢:《贞观政要·君道第一》,上海古籍出版社,1999,第9页。
② 王永照:《传世藏书·集库·总集·全唐文(一)》,海南国际新闻出版中心,2002,第83页。

器。"

有一天,德国著名的化学家奥斯特瓦尔德由于牙病,疼痛难忍,情绪很坏。他拿起一位不知名的青年寄来的稿件粗粗一看,觉得满纸都是奇谈怪论,顺手就把这篇论文丢进了纸篓。几天以后,他的牙痛好了,情绪也好多了,那篇论文中的一些观点在他脑海中闪现。于是,他急忙从纸篓里把它拣出来重读一遍,结果发现这篇论文很有科学价值。他马上写信给一家科学杂志,加以推荐。这篇论文发表后轰动了学术界,该论文的作者后来获得了诺贝尔奖。可以想象,如果奥斯特瓦尔德的情绪没有很快好转,那篇闪光的科学论文的命运就将在纸篓里结束了。

管理情绪类似于全天候的工作,人们的很多活动,尤其是闲暇时的活动,都是在尝试管理情绪。人们选择的各种休闲方式,比如看电影或小说,都是让自身情绪放松的方法。人脑的构造决定了人们通常无法或很难预知在什么时候会情绪失控,也无法预知这种情绪是什么,不过可以大致判断这种情绪会持续多长时间。普通的悲伤、焦急或愤怒都不是问题,假以时间和耐心,这些情绪通常都会慢慢过去。假如情绪极度强烈,超出了正常范围,无法控制,它们就会滑向可怕的极端——焦虑、失控的暴怒、抑郁等。摆脱了升学压力、步入一个相对稳定时期的大学生,暂时没有迫在眉睫的巨大压力,有时间和精力去丰富自己的生活,会遇到很多之前没有接触过的人、事、情感,难免会出现很多怒、哀、嗔、怨等负面情绪,这些情绪如得不到及时的调节和控制,将会严重影响大学生的精神状态和综合素养的提升,甚至对身心造成极大的伤害。

一、情绪管理理论

美国临床心理学家艾里斯(A. Ellis)提出的合理情绪理论认为,在人们情绪生成的过程中有三个重要的因素:诱发情绪产生的事件 A(Activating events),人们对诱发事件所持的相应的信念、态度和解释 B(Beliefs),及由此引发的人们的情绪和行为的结果 C(Consequences)。事件 A 只是引发情绪和行为后果 C 的间接原因,而引发 C 的直接原因是个体对事件 A 的认知和评价而产生的信念 B,因此合理情绪理论又简称为 ABC 理论。

同样一件事,拥有不同认知的人,产生的情绪不一样。例如,一只毛毛虫,一位动物学家和一名害怕毛毛虫的女孩儿同时看到它时,产生的情绪是不同的。动物学家看到毛毛虫时,会思考毛毛虫的种类、习性等问题,他的情绪是平和或喜悦的;女孩儿看到毛毛虫,则会感到毛骨悚然、心跳加速,她的情绪是害怕或恐惧的。由此可知,人的消极情绪和行为障碍结果(C),不是由于某一激发事件(A)直接引发的,而是由于经受这一事件的个体对它不正确的认知和评价所产生的错误信念(B)所直接引起的,这种错误信念也被称为非理性信念。

ABC 理论可以得出积极情绪和消极情绪的产生过程:

相同事件 A——不同认知观念 B——不同情绪结果 C

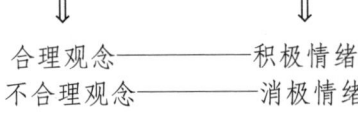

合理观念—————积极情绪
不合理观念—————消极情绪

那么,区别合理观念与不合理观念有哪些标准呢?

1. 合理观念一般均为客观事实;不合理观念包含更多的主观臆测。

2. 合理观念使人情绪稳定；不合理观念使人产生情绪困扰。

3. 合理观念使人能更快地达到预测目标；不合理观念使人因为达不到目标而困扰。

4. 合理观念使人不断地调整自己，积极面对困难；不合理观念使人将责任推给他人，并且怀疑自己。

5. 合理观念使人能很快地摆脱情绪困扰；不合理观念使人长期陷入情绪困境中不可自拔。

合理观念与不合理观念的对照，如下表：

合理观念	不合理观念
我希望被别人喜欢	我无法接受被人轻视
我希望业绩好	我必须有个好业绩
我力争比别人做得好	我应该比别人做得好
失恋让我感到痛苦	失恋让我无法忍受
我不能使大家满意	大家总是对我有成见

合理情绪理论调整认知的应用步骤为：

1. 分别列出引发不良情绪的事件和认识。
2. 找出对事件认识上的非理性观念。
3. 通过对非理性观念的认识和纠正，找出合理的观念。
4. 建立合理的信念，达到情绪的改变。

二、情绪管理的标、本治法

认知，是通过思维活动认识、了解世界，是人们获得知识或应用知识进行信息加工的过程，它包括感觉、知觉、记忆、思维、想象和语言等。人的认知受成长经历、教育程度、生存环境、社会环境、起自我调节作用的平衡过程等因素的影响。一个人的认知水平是自己多年的积累形成的,认知的调整不是一蹴而就,这就要求我们在面对情绪时,尤其是负面情绪时,学会对情绪进行区分和快速调整。对情绪的分析和理念的调整,是治本的方法;对情绪行为的快速转换,是治标的方法。

一个人真正的、由客观事实带来的情绪,仅仅是在数秒时间之内,其他的情绪反应时间,是在导致情绪的问题、事件发生之后,人们内心对此又产生新的解读和感受,更多的是找出各种理论、证据来佐证自己的"情绪",起到强化情绪的作用,是"行为支持情绪",为"假情绪"。绝大多数的负面情绪都来自于"支持情绪的行为",在生活中,有的人能不受负面情绪的影响,甚至能够将其转化为灵感,比如有些诗人、作家。但是绝大多数人做不到的原因在于:陷入了证明负面情绪的"行为"。战胜负面情绪的第一步,首先对情绪进行分段,区分真假情绪,将"情绪"和"行为支持情绪"分开来;然后,辨析"支持情绪的行为"想要实现的目的;最后,对目的进行合理性和不合理性的分析,对合理性目的采取适当的行为和措施,对不合理目的进行消除。

三、情绪背后的信息

在调整情绪的同时,还要了解情绪背后的信息。心理学家发现,情绪是一种信息,它通过调节人们的反应,帮助人们更好地融入群体,使人身心健康。

(一)恐惧:帮助人们应对危险

很多时候,恐惧能起到警报的作用,它能有效地让人们意识到危险来了。比如当年股灾事件一发生,有些人就因为恐惧逃离了股市,所以从某种程度上说,恐惧情绪是一个灵敏的警报系统,告诉人们周围环境存在危险,必须采取相应的措施。当人们面对恐惧的时候,需要利用这一信息快速做决策,询问自己威胁来自哪里,可以通过什么行动才能回到安全境地。

(二) 脆弱:提醒人们需要改变

有时人会无端地脆弱起来,脆弱情绪其实代表着一种内在的威胁,是对自我形象、信仰体系或人们舒适习惯的威胁。当人脆弱的时候,要思考是什么事情在挑战你之前固有的行为与信仰,如何真正改变,应该要做的是什么。当懂得用情绪的智慧去帮助人们有效地改善生活,情绪的负面效果就消失了,代替的是情绪带来的正向积极作用。

(三) 愤怒和沮丧:设定界限和自信

人为何会愤怒,心理学家发现,愤怒意味着有人侵犯了你的身体或者心理与心灵的空间,这个人有可能是无意识的,也有可能是故意为之。这种情绪能量的激增可以帮助人们维护自己的立场,更重要的是了解自己的原则与底线是什么。沮丧让个体意识到自己的无能为力,想要改变他人的愿望无法实现,从而导致一定时间内的情绪低落和行动受阻,对生活丧失信心和兴趣。面对沮丧,我们应充分认识到个体之间的差异,建立自信,对不可避免的失败和打击有一定的心理准备和承受能力。

(四) 羞愧和内疚:每个人都应该对自己的行为负责

羞愧和内疚是每个人身上都会出现的情绪,通常来说,羞愧和内疚可以让人重新审视自己。经过反思和反省,对不符合道德的行为,从个人感情上感到内疚,愧悔不安,进而自我谴责而设法弥补。羞愧和内疚是社会调节器,是人偏离正常轨道时提醒自己的道德指南针,有助于人们纠正错误、形成高尚的情操和良好的行为品德,成为人发展向上的动力。

(五)羡慕和嫉妒:追求卓越和公平

羡慕与嫉妒的情绪能让人们监控自己的行为动机,挖掘自己的内在天赋,使之变得更好。新东方创始人俞敏洪曾经也是一个自卑的人,他羡慕城市里的人英语口语的端正,后来他调整自己,不断加强英语学习,最终他超越自己创办新东方就是这种情绪带来的积极作用。

(六)哀伤和悲痛:这一切都会过去

每个人都会有哀伤和悲痛的时候,无论是恋爱失败,还是亲人的离开,都会引起人们哀伤的情绪。哀伤和悲痛往往告诉人们:要放下过去,拥抱新的生活。

情绪取决于我们看待事物的思维方式,每一种情绪背后都有其更深的含义,也有它的双面性。《儒林外史》中的范进,多年考不中举人,直到50多岁时终于金榜题名,"喜极而疯"。范进的情绪是"过分高兴",结果是"喜极而疯"。一日中午菜场上,一男青年抢劫一名老太太的提包,老人大呼救命,路人严某见状气愤万分,他大喝一声,冲上前去,制止了那男青年并将他扭送到派出所。严某的情绪是"气愤万分",结果是"见义勇为"。美国心理学家托马斯·摩尔曾说:"愤怒,给予你力量和动力,让你生命的每一分钟都能表现出你自己的风采。没有愤怒,你就会在不适当的地方屈服,就会手足无措。"

说起压力,许多人都感到面目可憎,脑海中瞬间闪现出房奴、车奴、孩奴的形象,工作没着落,考研竞争大;更有人会发展到抑郁、狂躁,甚至失眠。而铁人王进喜曾说:"井无压力不出油,人无压力轻飘飘。"唐代颜真卿的《劝学》诗中有:"三更灯火五更鸡,正是男儿读书时。"这透露出来的压力却给人激情满满、奋发图强的感觉。美国心理学家 E. 加德利和 C. D. 斯比尔伯格研究表明,中等水平的焦虑时,人的行为效率最高,过高或过低的焦虑水平时,行为效率最低。在人类发展史上,为了生存,必须探索环境和未知(好奇)、吐出不小心吃的令自己不舒服的异物(恶心)、建立社会关系(信任)、避免伤害(恐惧)、繁衍(爱)、战斗(愤怒)、寻求帮助(哭泣)、重复做对自己有利的事情(欢乐)、想要别人拥有的更好的东西(羡慕)。正面情绪、负面情绪一直交织着组成了生活,促进了进步。只有掌握了情绪管理的方法,才能体会到情绪的魅力。

四、调整认知

情绪的产生是无法避免的,管理情绪的最终目的是要实现"情绪自主"。情绪来源于自我认知,调整好认知和心态,就可以驾驭、协调、管理好自己的情绪,让情绪为自己服务。可以从以下几个方面来调整认知和心态。

(一)设置好行为目标

让人们觉察到需要管理情绪的时候,往往是已经形成了一定的情绪模式,并且当下的情绪对自己的生活不再助力。这就需要为自己的情绪设置具体的、可量化的、能够实现的、实际性的、有时间限制的目标,让"情绪自主"的大目标分解为可以逐步控制的小目标,分级分层控制情绪。

(二) 养成积极的心理

在日常生活中,注重培养幸福、快乐、满足、乐观、宽容、豁达、有责任感的心理状态。

(三) 培养客观的理解力

明白自己情绪的来源不是外部,而是来自于自己对世界的认知,即是内心的价值观和信念的反映,或者说是自己过去的生活经验投射到现在的人或事物上,产生的一种自动反映。因此,要将情绪和诱发情绪的事件分开来看。

(四) 锻炼情绪的掌控力

每一种情绪都有双面性,要认识到负面情绪带来的积极因素。如对某个人有了愤怒的感觉,是在提醒自己:对方的行为对我有所侵犯;有了嫉妒的感觉,是在提醒自己要有所追求;对某种状态有焦虑的感觉,是在提醒自己要做得更好;感到有压力,是在提醒自己,要挖掘自己更大的潜力。

(五) 培养对负面情绪的摆脱力

当遭遇负面情绪的侵扰时,要先了解清楚产生负面情绪的事件"真相",而不是"断章取义",明白事实真相"确实如此",还是因为自己的理解太过片面,是"理解的事实",要正确分辨合理观念和不合理观念。

当事实"确实如此"时,想清楚知道自己"想让事件怎么发展,想要达到什么样的效果""需要什么样的情绪,事件才能这样发展,才能达到想要的效果",然后根据具体情境和目标,调整自己的语言、表情、行为、姿态等。

当事实是自己"理解的事实"时,需要适时地制止负面情绪,调整好自己的心情。如朋友约会迟到半小时,并且没有任何讯息,你很生气:"他这个人就是这样不守时,根本不考虑别人的感受。"当意识到自己气愤的情绪时,可以适当表达自己的"情绪":"你过了约定的时间还没到,也没有传消息给我,我好担心你在路上发生意外。"将"担心"的感觉传达给他,让他了解自己的行为带给你什么感受。如果是因为赴约的路上发生意外,他会告诉你,从而消除误会;如果是他个人的原因导致无理由的迟到,他也会反思自己的行为给你们的友谊带来的负面影响。

(六)提高认识和修养水平

文化素质偏低、眼界狭隘的人,不善于控制自己,常出口成"脏";而修养高的人往往心胸宽广,有容人之量,同时,这样的人也善于控制自己的情绪,并自我调节。因此,提高自己的认识和修养水平,对调节自我情绪是很有帮助的。

五、疏导愤怒

《汉书·魏相传》曾曰:"争恨小故,不忍愤怒者,谓之忿兵,兵忿者败。"这是说为小事而争一时的怨恨,不能容忍心中愤怒而出的军队,叫作愤怒的军队,怀着愤怒用兵的,往往招致失败。愤怒,是当愿望不能实现或为达到目的的行动受挫时,引起的一种紧张而不愉快的情绪。

（一）愤怒是放大器

愤怒在人的成长过程中出现时间较早,常被看作一种原始的情绪。出生3个月的婴儿就有愤怒的表现,例如限制婴儿探索外界环境能引起愤怒：约束婴儿身体的活动、强制婴儿睡觉、限制他的活动范围、不给他玩弄玩具等；当幼儿的目的性行动受到阻挠或威胁时,同样能唤起愤怒情绪,并且伴随着哭闹、手足舞动等表现。随着人年龄的增长,由于愿望不能达成或与同伴争吵,也常引起愤怒。在成年人身上,愤怒依赖于人已形成的道德准则,常属于道德感的范畴。愤怒有程度的不同,从轻微不满、怒、激愤到大怒等,怒的强度和表现与人的情商有密切关系。

愤怒的学生

假设一名学生在校园里骑着自行车去上课,有另一个同学骑着自行车从他身边急速而过,差点与他"亲密接触",而另一边恰巧有一辆公交车驶过,非常惊险,他即时的想法可能是："疯子!"接下来如果还有更多气愤和报复的想法,就会极大影响愤怒的走向："他差点撞到我！我不能轻易饶了他！"这个学生双手紧握车把,手上青筋暴出,身体前倾,脚尖用力,想追上鲁莽的冒犯者撞他一下,但是他想到要上课了,不由得把车速放慢了,此时如果后面有另一辆自行车驶来并叫着："让一下！"他很有可能把怒火发泄到这个同学身上。

假如这名学生对第一个同学报以宽容的态度,那么愤怒就会走向相反的方向："也许他没注意到我,他这么不小心总是有原因的,比如要赶去上课。"用宽容或至少开放的心态来平息怒气,防止愤怒情绪越演越烈。本杰明·富兰克林说得好:"生气总是有理由的,但很少是出于正当理由。"愤怒是最难控制的情绪,但是宽容、移情会减少愤怒,对惹人生气的事情琢磨的时间越长,怒火燃烧得就越旺。远路无轻载,再小的事情放在心里时间长了都会变成大事。在人们希望逃避的所有情绪当中,愤怒是最难以妥协的。事实上,愤怒是最有诱惑性的消极情绪,自以为是的内心独白在煽风点火,人们靠臆想来扩大愤怒的深度和范围,使怒火的发泄有最令人信服的理由。

(二)消除愤怒

在实际生活中,会有很多的情形,人们不肯宽容以待,也没有办法晓之以理,他们满脑子都想着如何反击,对可能导致的后果视而不见。此时,可以利用缓和性信息,恰当地疏导愤怒情绪。

"在我12岁的时候,有一次父母冤枉了我,我非常生气,离开了家,发誓再也不回去了。那是一个美妙的春天,我沿着乡间的小路走了很远,渐渐地,周围的寂静和美丽的风景使我冷静下来,几个小时以后,我回家了,心里的不快烟消云散。从那以后,我一生气就尽量找个幽静的地方走一走,我发现这是最好的疗法。在生气时摆脱让你感到生气的人或环境,冷静一下,寻找能够分散注意力的事物,使逐步升级的敌对想法及时刹车。"兹尔曼通过实验发现,分散注意力是扭转情绪的有效方法。原因很简单:我们在高兴时很难保持愤怒,所以,首先要让生气的人冷静下来,然后才有可能高兴起来。

有一次我在北京坐出租车,一位骑电动车横穿马路的人挡在了出租车前面,等待车流过去,出租车司机急于开车,鸣笛示意他不要挡道,那人却视若无睹。出租车司机嚷道:"不要挡道!"并连续按喇叭,骑电动车者纹丝不动,慢慢车辆减少,他能顺利通行时,扭头横眉冷对出租车然后缓缓通过。出租车司机对他发出一连串的咒骂声。出租车继续向前开,司机非常愤怒,他告诉我:"我不能受这气,骂回去,至少会好受些。"这是大多数人在处理愤怒时常用的方法,流行的理论认为"这会让我好受些",还有"以怨报怨"。

当人们面对惹自己生气的人或事时,需要一个恰当的方式将愤怒表达出来。让·马克对由于不能将愤怒表达出来而造成的不良后果描写得淋漓尽致:他人对自己的任意摆布;私下里常常对自己的无力反击而痛苦烦恼;一个男人缺少表达愤怒的能力,被看作唯命是从、缺乏男子汉气概。但是,要通过恰当的方式来表达愤怒:

1. 保持冷静的头脑

不要让自己气急败坏、口不择言。有的人因一句刺耳的话、一件不顺心的事就激动得暴跳如雷,或出口伤人,或拔拳相向,铸成大错。

2. 分析愤怒的原因

分析是什么让自己生气,需要寻找的原因并非是具体的事件,而是事件下面暗指的触犯到底线的细节。他人损害了自己的权益?自尊心受到伤害?或者是打算以愤怒的方式来争取自己的权益?

很多时候,愤怒之所以伤人,是因为人们在想:"他为什么会这么对我?"传递的意思是:"我没有伤害过你,我一直对你很好,处处考虑到你,你为什么会这样对我?你为什么要伤害我?"如果把这句出现在心里的话换成:"没有人有责任主动了解我,他们有权利做对不起我的事,而我也有权利决定我该怎么对他。"在面对伤害时,就能冷静地面对愤怒,分析事情本身的对错和解决办法,而不是任由愤怒的情绪控制自己的头脑。

3. 使用正确表达感受的词汇

准确地表达自己对事情的观点和看法,不加入过多的个人感情色彩,不评判自己和他人。

在生活中,男女生谈恋爱时,很容易会为有没有接电话、有没有及时回复信息、有没有送可心的礼物而发生冲突,如果使用了正确的表达方式,不仅不会制造矛盾,还能让两个人感情升温。

例如,正确地表达自己的感受:"昨天你一直不回我短信,我感到很担心。"——这个表达,是真实存在的,不是臆想出来的。

评判对方的表达为:"昨天你为什么一直不回我短信?把我追到手就不珍惜了?"——这是评判别人的攻击性表达,把焦点放到了对方身上。对方受到了攻击,肯定会反击,导致矛盾。最终,被评判的一方只顾着思考如何澄清自己,而无暇顾及说话人的感受和情绪。

评判自己的表达为:"你昨天为什么不回我短信?其实我早就这么觉得了,我长得不漂亮,学历也没你高,我早知道你觉得我配不上你。你是不是不在乎我了?"——这个表达看似弱势,其实也是愤怒的一种,属于自我攻击性的愤怒,伤害性很大。由"你不回短信"推出"你不在乎我",这个推论真实吗?"我长得不漂亮,学历也没你高"推出"我配不上你",这个推论也是真实的吗?对方不回短信,可能是手机没电,可能是临时有事,面对未知的事件,人们往往不是先问原因,而是自己编造一个理由,预设一个剧情,制造一起争吵。这种情况下,即使对方讲明实情,可能也无济于事。

4. 学会解决之道

不理智的人喜欢吵架、人身攻击、道德审判、翻旧账,在口舌之快中得到安全感和优越感;理智的人不喜欢吵架,而是能客观地向对方表述,就事论事地提出具体要求。在大学宿舍里,很多矛盾的发生,往往是因为双方没有将情绪准确地表达出来,比如宿舍成员会因为关门声音的大小而互相误解,声音过大,有些同学认为关门的同学是故意为之,而关门的同学可能仅仅是习惯问题,然后双方展开争执的焦点往往变成了"尊不尊重别人"。

六、移开焦虑

"一生惆怅情多少。月不长圆,春色易为老。"[①]诗人柳永将对美好事物、美好感情容易消失的惆怅、焦虑描写得栩栩如生。

焦虑是指一种缺乏明显客观原因的内心不安或无根据的恐惧,是人们遇到某些事情如挑战、困难或危险时出现的正常情绪反应。焦虑通常情况下与精神打击以及即将来临的、可能造成的威胁或危险相联系,处于焦虑中的个体常常会感到紧张、不愉快,甚至痛苦以至于难以自制,严重时会伴有神经系统功能的变化或失调。

焦虑作为人类的基本情绪,能帮助人类抵抗大自然的危险,提高人的警觉性,其作用和价值不可轻视。然而当焦虑弥漫于整个社会,人们普遍追求更快的生活节奏,大脑跟不上步伐,身体和心

[①] 柳永:《梁州令·中吕宫》。

灵开始分裂,现代人的内心焦虑不安,这是一个"焦虑的时代"。

在公交车上,常常能看到慌乱的人群如潮水般挤进车门,上车、下车的人挤做一团,长时间的僵持有时还需要第三方来调节。要么就是在等车的过程中,排好的队伍到了要上车的时候,却人群骚动,由直线变成弯线而后变成一个个混乱的点,能挤上车靠的是力气。在整个过程中,每个人都仓皇而又焦虑,似乎动作不快、速度跟不上,就会被拉下。当倾尽全身力气坐下来时,突然不焦虑了,安然且自豪,抑或多了一份成就感,大量的个体就在这挤车抢座位的过程中经历了一场由焦虑做主导的轰轰烈烈的大战。其实,站在离人群远一点的地方,静静地排队等候,就会发现,先上车的人和司机仍然需要等待所有人都上车之后才发车,最后上车的人除了没有座位,也并没有损失什么,而比起急匆匆挤上车的旁人,心情却很平静,焦虑和不安并没有影响到他。

(一) 焦虑是常态

沙鼠的焦虑

在撒哈拉大沙漠中,有一种土灰色的沙鼠。每当旱季到来之时,这种沙鼠就要囤积大量的草根,以度过这段艰难的日子。因此,在整个旱季到来之前,沙鼠都会忙得不可开交,在自家的洞口进进出出,满嘴都是草根,从早晨一直忙到夜晚,辛苦的程度让人惊叹。

但有一个现象却很奇怪,当储存的草根足以使他们度过旱季时,沙鼠仍然拼命地工作,仍然一刻不停地寻找草根,并一定要将草根咬断,运回自己的洞穴,似乎这样它们才能心安,才会踏实,否则便焦躁不安,嗷嗷叫个不停。

而实际情况是：沙鼠根本用不着这样劳累和焦虑。经研究证明，这一现象是由于一代又一代沙鼠的遗传基因所造成的，是沙鼠出于一种本能的担心。老实说，"担心"使沙鼠干了大于实际需求几倍甚至几十倍的事。沙鼠的劳动常常是多余的、毫无意义的。一只沙鼠在旱季里只能吃掉两公斤草根，而沙鼠一般都要运回10公斤草根心里才能踏实。大部分草根最终都腐烂掉了，沙鼠还要将腐烂的草根清理出洞。

　　曾有不少医学界人士想用沙鼠来代替小白鼠做医学实验，因为沙鼠的个头很大，更能准确地反映出药物的特性。但所有医生在实践中都觉得沙鼠并不好用，问题在于沙鼠一到笼子里，就非常不适，它们到处找草根，连落到笼子外边的草根也要想办法叼进来。尽管笼子里沙鼠的生活可以用"丰衣足食"来形容，但它们还是一个个很快就死去了。医生发现，这些沙鼠是因为没有囤积到足够草根的缘故。这是由它们头脑中的一种潜意识决定的，并没有任何实际的威胁存在。确切地说，它们是因为极度的焦虑而死亡，这是一种来自自我心理的威胁。

　　这就很像现代人了，无论什么时候都有解决不完的烦心事儿：大学以前主要是繁重的课业，毕业以后就是恋爱和工作，没钱需要学赚钱，有钱就得学习如何理财，这些问题都使人倍感焦虑。有的人整天刷着微信、微博、淘宝，玩着游戏，同时又焦虑工资太低、房价太高，生活不堪重负，却没有去想如何提高自己的职场核心竞争力，锻炼出随时都能跳槽并实现弯道超车的能力。同时，有些人尽管已经很成功了，过着令人羡慕的生活，但他们依然很焦虑。他们也会因为工作、家庭、情感上的大小问题而困扰，毕竟，时间是有限的,焦虑是无限的。这也正像医学界的实验一再证明的那样:焦虑是使人寿命减短的重要因素之一。因为焦虑与抑郁、紧张及惊恐是互相联系的,不健康的心理状态对人类的伤害超过了许多疾病。

(二) 轻松浮上来

会游泳的人都懂得这样一个常识:一旦溺水了,最好的自救方法不是拼命挣扎,也不是大声呼救,而是尽量心无杂念,全身放松,只要放轻松,人就能浮上来。从某种角度来说,人们往往不是死于溺水,而是死于自己过于旺盛的求生欲望。越是在困境中,焦躁而强烈的欲望就越会成为负担,它会拉着人一步步走向深水处。

几米是最近几年大受欢迎的漫画家,他的漫画诙谐有趣、意境深远、耐人寻味。然而就是这个人,10多年前的画风却和现在大相径庭。那时,几米还是一个不知名的小人物,虽然奋斗了许多年,却始终找不到成功的机会,只能靠给杂志画些插图来维持生活。不受欢迎的作品、窘迫的经济状况,这一切都深深地刺痛了几米的心。为了摆脱贫困,几米开始没日没夜地拼命工作,他心里只有一个目标,那就是靠自己手中的画笔来彻底改变不如意的生活。

他太想成功了,太想得到丰厚的报酬、体面的生活了,就像溺水的人太想脱离险境一样。然而,老天跟他开了个玩笑,劳累过度的几米还没有看见自己的成功就先病倒了——一场大病几乎要了他的命。经历了生死之变,体验到人世无常的几米突然醒悟了。出院之后他仍旧画自己的漫画,给杂志画插图,然而他的漫画风格却有了巨大的改变。这一次,他不是为金钱、荣誉、地位去创作,而是卸下了肩上沉甸甸的担子,用平和的心境去画自己,画身边的生活,画自己眼中的世界。纯净美好的思绪,从几米的画笔下缓缓流出。

几米是个聪明人,他没有被自己沉甸甸的求生欲望拉进水底,而是尽量忘记眼前的困境,身心放松地顺其自然。只要放轻松,就能浮上来,几米浮上来了。

生活就是这样,太在乎赢了,往往输得很惨;太在乎得了,失去的就越多;太期盼财富了,离贫穷却越来越近;太想求生了,反而容易被死神召唤。命运是一个势利的女神,她对向她顶礼膜拜的人不屑一顾,反而对那些毫不在乎她的人格外垂青。

焦虑的时候,可以通过做运动、深呼吸、听音乐,或者想象的方式让自己的身体一点一点地放松,让大脑放松,然后去自由联想,不必控制自己想什么,放轻松让大脑里的思绪自己浮现。通过这样的方式,可以找到焦虑的源头,之后再慢慢去思考,思考自己如何更好地应对此事,如何面对自己内心的焦虑感受。如果并不是一件很明确的事在影响自己,也没关系,可以想一想最近周围发生的事,又或者与身边的人的交往和互动是否出现问题。这种思考一方面可以帮助自己找出焦虑的根源,另一方面也是对自己的生活进行整理和反思。

(三)让自己忙着

焦虑是很常见的一种情绪状态,比如快考试了,如果觉得自己没复习好,就会紧张、担心,这就是焦虑。这时,我们通常会选择抓紧时间复习,积极去做能减轻焦虑的事情。这种焦虑是人类固有的一种保护性反应,也被称为生理性焦虑。当焦虑的严重程度与客观事件或处境明显不符,或者持续时间过长时,就变成了病理性焦虑,称为焦虑症状,符合相关诊断标准的话,就会被诊断为焦虑症。

焦虑,很多时候是因为想得太多,却做得太少。高情商的人,会让自己有计划地忙着,而不会让焦虑像种子一样发芽生长。"没有时间去焦虑",这是丘吉尔在战事紧张、每天要工作18个小时的时候说的话。当别人问他是否为自己肩负的重任而焦虑时,他说:"我太忙了,没有时间去焦虑。"

"让自己忙着"是一件简单的事,却能够有效地赶走焦虑。心理学上有一条最基本的定律:一心不能二用。人们不可能既激动、热诚地想着令人兴奋的事情,又与此同时陷入焦虑。一个人如果不能一直忙碌着,而是闲坐在那里发愁,就会产生一大堆"胡思乱想"的东西,而这些"胡思乱想"会掏空人的思想,摧毁人的行动力和意志力。高情商者说:有焦虑时不必去想它,双手搓一搓,让自己忙起来,血液就会开始循环,思想就会变得敏锐。

别让小焦虑困住自己

在非洲热带草原上,有一种动物叫作吸血蝙蝠。它们的身体极其地小,但却是高大的野马的天敌。这种蝙蝠是靠吸食动物身上的血液来生存的,它们在攻击野马的时候,常常附在马腿上,用锋利的牙齿极其敏捷地刺伤野马的腿,然后再用尖尖的嘴吸血。蝙蝠从容地吸附在野马的身上和腿上,落在野马的头上,无论野马怎么地蹦跳、狂奔,都无法驱逐这种蝙蝠。直到它们吸饱了吸足了,才离开马飞去。当吸血小蝙蝠不断地飞来搅扰的时候,野马以为靠自己不停地奔跑,用力踢踏脚下的植被就可以驱赶蝙蝠,可是每次蝙蝠们总是吸得肚皮鼓鼓的才满意而去。野马被它们折腾得愤怒至极,到处横冲直撞,甚至蝙蝠飞走之后,马仍像发了疯一样不住地奔跑、狂跳。结果,被刺破的伤口流血不止,最终马在精疲力竭中死去。

动物学家在分析这一问题的时候,一致认为吸血蝙蝠所吸的血量对野马而言是微不足道的,远远不会致使野马死去,野马的死亡原因是暴怒引发的狂奔所致。也就是说,如果野马能够按捺住怒气,不理会吸血小蝙蝠的袭击,任凭小蝙蝠吃个饱,它也不会失去多少血,更不会因此丧命。

这与现实生活有着惊人的相似之处:将人们击垮的有时并不是那些看似灭顶之灾的大挑战,却是一些微不足道的、鸡毛蒜皮的小事。很多人大部分的时间和精力无休止地消耗在那些鸡毛蒜皮的小事之中,情绪被搞得一团糟,最终一事无成。一个高情商的人,绝不会让小事困住自己的情绪。宋代诗人叶梦得曾作诗云:"缥缈危亭,笑谈独在千峰上。与谁同赏。万里横烟浪。老去情怀,犹作天涯想。空惆怅。少年豪放,莫学衰翁样。"[①]用豪迈的情怀,扫去焦虑和哀怨。

七、舒缓压力

"井无压力不出油,人无压力轻飘飘"。压力是心理压力源和心理压力反应共同构成的一种认知和行为体验过程,心理压力是个体在适应生活的过程中表现出的一种身心紧张状态,是人的内心冲突及与之相伴随的情绪体验,它源于环境要求与自身应对能

---

① 叶梦得:《点绛唇·绍兴乙卯登绝顶小亭》。

力的不平衡。

生命不堪承受之重

有一位讲师正在给学生上课,大家都认真地听着。他拿起一杯水说:"各位认为这杯水有多重?"有人说200克,也有人说300克。"是的,它只有200克。那么,你们可以将这杯水端在手中多久?"讲师又问。很多人都笑了:200克而已,拿多久又会怎么样!

讲师没有笑,他接着说:"拿一分钟,各位一定觉得没问题;拿一个小时,可能觉得手酸;拿一天呢?一个星期呢?那可能得叫救护车了。"大家又笑了,不过这回是赞同的笑。

讲师继续说道:"其实这杯水的重量很轻,但是你拿得越久,就觉得越沉重。这如同把压力放在身上,不管压力是否很重,时间长了就会觉得越来越沉重而无法承担。我们必须做的是放下这杯水,休息一下后再拿起,只有这样我们才能拿得更久。所以,我们所承担的压力,应该在适当的时候放下,好好地休息一下,然后再重新拿起来,如此才可承担更久。"

说完,教室里一片掌声。

随着社会的进步,人们的生活越来越忙碌,压力也越来越大。如果我们不会释放压力,那么身体、精神都会出现大问题;如果继续保持压力,最后的结局可能就是情绪的爆发。当个人承受的压力已经达到了一定程度,迫在眉睫需要解决的麻烦依然接踵而至,这时人们内心的压力就不再是简单的累积了,而是成倍地增长。"压垮骆驼的是最后一根稻草",每一个新增的压力都令人更加难以忍受,这形象地说明了为什么平常并不引人注意的小麻烦却突然间变成了摧枯拉朽的力量的情形。

(一)压力是把双刃剑

人的能量是有限的,每个人都不是三头六臂的神仙,在人的精力大量透支的情况下,很容易感到疲倦,这种疲倦会摧毁人的内心世界。

想想压力把人逼得寻死觅活的场景,人们胆怯了,许多人开始渴望过那种毫无压力的生活,希望"睡觉睡到自然醒,数钱数到手抽筋"。可没有压力的生活就真的是人要追求的目标,真的是一种享受吗?一谈到压力就一定全是烦恼吗?现实并不完全是这样,压力有时候也是一种价值和动力,对个人施加适当压力,反倒会有积极的意义。

没有压力未必一定好,如果一个人承受的压力长期处于较低的水平,就会出现一些负面情况,比如积极性不足、自我价值感来源不足、注意力空置等。每个人的脑袋都是一个容器,如果装满了积极的东西,整个人就会充斥着各种正能量;但如果一个人每天无所事事、没有压力,就好比装满水的杯子被清空了;大脑空了之后,很容易被乌七八糟的东西所充斥,琐事多了,在生活中就可能无事生非。

有一位经验丰富的老船长,当他的货轮卸货后在浩瀚的大海上返航时,突然遭遇了可怕的风暴。水手们惊慌失措,老船长果断地命令水手们立刻打开货舱,往里面灌水。"船长是不是疯了,往船舱里灌水只会增加船的压力,使船下沉,这不是自寻死路吗?"一个年轻的水手嘟囔道。

看着船长严厉的脸色,水手们还是照他说的做了。随着货舱里的水位越升越高,随着船一寸一寸地下沉,依旧猛烈的狂风巨浪对船的威胁却一点一点地减少,货轮渐渐平稳了。

老船长望着松了一口气的水手们说:"百万吨的巨轮很少有被打翻的,被打翻的常常是根基轻的小船。船在负重的时候,是最安全的;空船时,则是最危险的。"

这就是"压力效应"。那些得过且过,没有一点压力,做一天和尚撞一天钟的人,就像风暴中没有载货的船,往往人生的一场狂风巨浪便会把他们打翻。

(二)与压力为友

没有压力的生活是不存在的,人类社会也因为压力而不断发展进步。有研究指出:人衰老得最快的时间就是在退休后的那几年,压力变小了,人反而不知道该干什么,容易感觉到孤独、失落。我们要做的是,了解清楚压力究竟是什么,它是如何对人们产生影响的,进而去处理压力、解决压力。压力的来源有很多,归纳起来,大致有以下几方面。

1. 来源于对事物的认识

有的人有时候比较容易钻牛角尖,进了死胡同后便开始作茧自缚了。这缘于人对事物的认识和理解程度,由于每个人的知识结构和思维方式不同,往往因不能明晰事物的发展方向而感到彷徨和迷惘。例如,在工作方面,由于对行业不够深入了解,对自身潜能认识不够充分,但又迫于生活的压力,选择了一份不太适合自己的工作,却又不知道什么样的工作更适合。于是,自己对目前从事的事业日渐失去兴趣而又不甘心放弃自己的雄心壮志,这种进退两难的困境也是压力。

2. 来源于对问题的堆积

问题就是事物发展中矛盾的表现,只有解决了问题,才能有效推动事物向前发展。当大堆的问题接踵而来,而又无法将它们妥善解决时,便感觉到压力的存在。生活问题、工作问题、学习问题、感情问题等等,每天有很多事情发生在人们身边并且与人们的生活息息相关,如果无法将问题通过有效的统筹,灵活调配时间去解决的话,随着时间的推移,问题就会堆积如山,自己各方面的压力也就越来越大。如果处理得好的话,压力能让人更加接近成功;处理不好的话,它便将人推向堕落的深渊。

3. 来源于思想的束缚

生活中往往有一些莫名的压力是自己施加给自己的,称为"庸人自扰之"的压力。例如,自己不满足已经拥有的一切,反而刻意去追求永远也得不到的东西;工作、生活中为一些鸡毛蒜皮的事情耿耿于怀,对自己施加莫名的压力;缺乏自信,觉得自己事事都做不好;自我要求过高,觉得自己应该做得更好;过分强烈的责任感,对本不该自己承担责任的事情念念不忘;和男朋友或女朋友分手后,觉得生活在世界上已无意义,采取极端的行为缓解压力。因为一时的思想束缚,不能引导自己走出压力的漩涡,他们苦恼、彷徨、痛苦、挣扎。

4. 来源于外界的鲜明对比

有句话说:"有对比就会有结论。"与同龄人比较,别人已经出人头地,自己却还是庸庸碌碌,这是一种压力;与同事比较,同事的工作做得有声有色,自己却还在原地踏步,这是一种压力;与朋友比较,朋友已经有房有车,自己却一无所有,这也是一种压力。其实,压力可以被视为是一种阶段性的相对失败的反映。

5. 来源于某个时期内发生的具体事件

在某一个短时期内,会发生一些具体的事情,导致个人无法及时调整心态,如升学、找工作、结婚、生子、买房、失业、分手、离婚、伴侣去世等。

压力并不会自己消失,它只会不断积累,不断加深对人的影响。压力对人的影响,既有负面的也有正面的,压力如果没有得到适时调整,就会通过累积效应,最终让人不堪重负。高情商的人会通过自我调节,将内心的压力调整到合适的水平,消除负面影响,让其成为促进个人前进的动力。归纳为以下几个方面:

1. 给心灵一个宁静的空间,清醒地重新审视事物,重新认识自己,才能积极地思考自己需要什么。只有清楚自己想要什么,才能进一步思考该如何得到他。要缓解自己在认识上的压力,为了能更加清晰地看到事物发展的方向,必须提高个人对事物的认识程度,主动并深入了解,这样才能够做到胸有成竹而不会摇摆不定了。

2. 树立一种积极乐观的心态去解决问题,提高自己解决问题的效率,在解决问题中得到很好的学习和提升,有助于更加轻松地缓解压力。理智地分析问题,找出问题的症结,寻求问题的有效解决方法。培养良好的缓解压力的习惯和解决问题的思维模式,适度的压力有助于提升人的综合能力。

3. 进行换位思考,从不同的角度去认识自己身边发生的事,积极提升自身的修养,培养积极乐观的生活态度,树立正确的人生观和价值观。在简单中找到满足,在平凡中找到快乐,在困境中找到光明。只有这样,才能战胜最大的敌人,也就是自己,才能冲破思想的束缚,找回真实的自我,从而有效缓解压力。

4. 培养良好的习惯,找到适合自己的运动方式。体育锻炼能使人体分泌出令人感到快乐的激素,有助于个体产生自信心、自我效能感。通过集体运动、户外爬山、跑步、健身等方式,适时地将自己的压力及不良情绪发泄出来,有利于保持身心健康。

八、控制冲动

"小不忍则乱大谋",告诫人们不可冲动;"忍一时风平浪静,退一步海阔天空",将抑制冲动的豁达表达得淋漓尽致。

冲动是指由外界刺激引起,爆发突然、缺乏理智且带有盲目性,对后果缺乏清醒认识的行为。在种种消极情绪中,冲动无疑是破坏力最强的情绪之一,它是低情商的表现,每个人在生活中都会遇到不合自己心意的事,这时候如果不能保持冷静,不能克制自己的冲动行为,将会为此付出代价。聪明的人,不会让坏情绪控制自己,而是自己去控制坏情绪,成为情绪的主宰者。

(一)冲动的惩罚

"冲动是魔鬼",如果不注意培养自己冷静平和的性情,一旦碰到不如意的事就暴跳如雷、情绪失控,就会让自己陷入自我戕害的圈圄之中。

关羽大意失荆州,败走麦城,被孙军擒杀后,刘备为夺回荆州,同时为关羽报仇,他不听诸葛亮等人的劝阻,亲率各路蜀军东下伐吴,在猇亭一带遭到吴军的顽强抵挡。东吴年轻统帅陆逊采用以逸待劳的方法,火烧蜀汉连营,使刘备夷陵之战惨败,退至白帝城。最终,刘备病故于白帝城,为自己的冲动付出了惨痛的代价。

有一个男孩脾气很坏,总是无法控制自己的情绪。于是他的父亲给了他一包钉子,并告诉他:每发一次脾气就钉一颗钉子在后院的围篱上。

第一天,男孩钉了37颗钉子。慢慢地,每天钉下钉子的数量减少了,他发现控制自己的情绪比钉下那些钉子要容易些。

终于有一天,男孩能控制自己的情绪,不会失去耐性乱发脾气了。他把自己的转变告诉父亲,他的父亲又建议他说:"如果你能坚持一整天不发脾气,就从围篱上拔下一颗钉子。"经过一段时间,小男孩终于把围篱上的所有钉子都拔掉了。

父亲拉着他的手来到后院,对男孩说:"你做得很好,我的孩子。但是,你看一看那些钉子在栅栏上留下的小孔,栅栏再也回不到原来的样子了。当你出于冲动,向别人发脾气之后,你的言语就像这些钉孔一样,在别人的心里留下了疤痕。不管你说了多少对不起,这些疤痕将永远存在。"

现实生活中,有些人为逞一时之快,很多话不经思索就脱口而出,有意无意就会对他人造成伤害,伤害一旦形成,再多的弥补往往也无济于事。作为情绪的主人,我们应该学会控制冲动、培养心理调节能力,以平和的心态来面对人生的起起落落,与他人交往时保持淡定从容。

有个男人,他的老婆生小孩时难产死了。幸好,他家有条聪明能干的狗,自然而然地担负起照看婴儿的重担。有一天,男人有事外出,很晚才回来。狗知道主人回来了,欢快地出来迎接。可是男人看到狗嘴里都是血,一种不祥的预感顿时涌上心头，心想是不是这狗由于饥饿兽性发作把孩子给吃了。于是他连忙赶到床边一看，没人，只看到一堆血迹。男人在狂怒之下，拿起棍子便将这条狗活活打死。谁知就在这时候，孩子哭着从床底下爬了出来，男人这才知道自己错怪了狗，四下查看，发现不远处躺着一条狼，已被活活咬死，再看那条狗，后腿已被严重抓伤。原来在男人外出的时候，有条狼溜了进来想偷吃孩子，狗勇敢地冲上去与狼搏斗，最终保住了孩子的生命。男人知道真相后，号啕大哭，悔恨不已，可是一切已经无法换回。

为什么会发生这样的悲剧？那是因为他被强烈的愤怒冲昏了头脑，失去了理智，以至于忽视了最基本的判断与核实的步骤。其实这也是人的通病，根据心理学家的测算，人在愤怒的时候，智商是最低的。在愤怒的关头，人们会做出非常愚蠢的决定而自以为是，也会做出非常危险的举动而大义凛然。这个时候所做的决定，90％以上都是极端错误的。因"一时之气"而断送一生的有很多人，远的如屈原，一气之下投河自尽；近的如马加爵，一气之下连杀4人，这都是极端的例子。至于一气之下辞官的陶渊明，一气之下做出错失的芸芸众生，更是不胜枚举。所以，有这么一句忠告：生气的时候不要做任何决定。

曾有某地方部门对当地的刑事案件进行统计：几乎所有的在狱囚犯都表示过后悔；大多数刑事案件都是起源于生气时的不理智决定；几乎所有罪犯在接受采访时都表示过："如果当时……"事实上，绝大多数人的本性是善良的，正所谓"人之初，性本善"，真正穷凶极恶、以杀人放火为乐事的人少之又少。从这个意义上讲，在生气时能否拥有理智，将从根本上影响人的一生。

（二）控制冲动的方式

在生活、学习、工作中，如何才能控制冲动呢？

1. 用理智战胜冲动

理智者遇上不顺心之事，一般都能三思而后行，所有人都会有一时激愤或消沉的时候，这是个危险时段，很多不正确的判断常常是在这不冷静的时刻作出的。判断失误必然导致行为欠妥，如果人们能在最短的时间内让头脑降温，就能够熄灭危险的导火索，重新找回理智，战胜冲动、激进的想法。

2. 提高文化素养

能否理智行事与文化程度的高低成正比。深圳某法院曾有调查报告显示："冲动杀人的罪犯多数仅有初中以下文化程度，文化水平低、缺乏自控能力是逞一时之快杀人的重要原因。"众所周知，法律对一些欲铤而走险的人能起警示作用，可是，如果文化程度低、文化素养不高、法律意识淡薄，就极易走向犯罪的深渊。

3. 以旁观者的心态看问题

"不识庐山真面目，只缘身在此山中""当局者迷，旁观者清"，这些话都是从生活中总结出的真谛。在日常生活中，每个人都曾做过局外人看过别人吵架，这时候，无论哪一方的言行，其失当和偏颇之处局外人大多都能觉察到。反而当自己置身其中的时候，看到的仅仅是问题的一方面，容易"一叶障目不见泰山"，理解有失偏颇。如果能以局外人的头脑，观察自己、观察周边环境和问题，则能够找到更好的解决问题的方式。

九、拯救嫉妒

"羌内恕己以量人兮，各兴心而嫉妒"，这是《离骚》中对嫉妒的记载。韩愈也曾留有名句:"怠者不能修,而忌者畏人修。"什么是嫉妒呢?心理学家认为,嫉妒是由于别人胜过自己而引起情绪的负性体验,是心胸狭窄的表现。黑格尔说:"嫉妒乃是平庸对于卓越才能的反感。"嫉妒是痛苦的制造者,在各种心理问题中对人的伤害十分严重,能称得上心灵的恶性肿瘤。

(一)嫉妒,不可饶恕的激情

同寝室的同学获得了奖学金,自己比他刻苦却没获得,觉得上天真不公平,他为什么就能得到呢?心仪已久的姑娘,和另一个男人在一起了,更要命的是那个男人从各方面看都不如自己优秀,内心的痛苦和嫉妒不言而喻。

嫉妒是后天习得的。嫉妒一般有三个心理活动阶段:嫉羡——→嫉忧——→嫉恨。这三个阶段都有嫉妒的成分,是从少到多递增的。第一个阶段,羡慕为主,嫉妒为辅;第二个阶段,嫉妒的成分增多,已经到了怕别人威胁到自己的地步;第三个阶段,嫉妒之火已熊熊燃烧,到了难以消除的地步。这把嫉恨之火,没有燃向别人,而是炙烤着自己的心,使自己没有片刻宁静,于是便绞尽脑汁去想方设法诋毁别人,却使得自己形神两亏。

哲学家波普曾经说过:"对心胸卑鄙的人来说,他是嫉妒的奴隶;对有学问、有气质的人来说,嫉妒可化为竞争心。"承认与坚信别人的优秀并不妨碍自己的前进;相反,能给自己提供了一个竞争对手、一个榜样,带给人前所未有的动力。

哈佛学者说:"嫉妒心是赶走友谊的罪魁祸首,也是将自己带入痛苦深渊的魔鬼。"因为嫉妒心重的人常自寻烦恼,嫉妒心是幸运和幸福的敌人,对于别人的长处,要能够客观地看待、真诚地祝福,这才是拥有幸福人生的秘诀。

乡村出生的他上大学了，迫于穷困的生活，不得不在一家咖啡厅做晚班服务生。那家咖啡厅很大，足有200多平方米，里面是欧式风格的装修，墙壁上挂着华丽的壁灯，仿珍珠的吊灯发出优美的光，还缓缓地旋转着。干净整齐的布艺沙发，沿着墙壁一一排开，临街一面，还有透明的落地窗。门口站着身材高挑、面容清秀的礼仪小姐，脸上总是堆满了笑容。

有一次，他端着浓香的咖啡递给客人，蓦然发现客人是同班的穆子。虽然，同学见面，彼此很愉悦地聊了很多，但看得出，生活中他相对于穆子，就是一个十足的"乡巴佬"。从那以后，他常常可以在咖啡厅遇见穆子，他还知道了咖啡厅的老板就是穆子的表舅，穆子的父亲也是这家咖啡厅的股东。他很嫉妒穆子的生活，虽然穆子从未嘲笑过他的穷困，还常常帮助他。

那年情人节，穆子带着一个漂亮的女孩儿走进咖啡厅，他们卿卿我我的样子显然是热恋中的一对儿。此刻，他想起自己在大学里孑然一身，想起自己贫苦的命运，强烈的嫉妒心使他此刻有了恨意，有了想报复的念头。

他很快端来了两杯热腾腾的咖啡，只是他故意把咖啡的味道调得很坏。看着穆子的女朋友皱着眉头喝咖啡的样子，他有一种报复的快感。就在他为自己的小阴谋得逞而高兴时，穆子的女朋友发生了过敏症状，呕吐不止，皮肤还出现了红斑。咖啡厅为穆子的女朋友支付了2000多元医药费，还查出了是他所为。凭他现在的生活状况，2000多元的医药费，他无论如何也凑不齐。穆子虽然很心疼自己的女朋友，但还是不计前嫌，为他向表舅求情。

可是，穆子的表舅并没有理会穆子的求情，而是安排他做清洁工作,还说,只要他的工资抵够了医药费,就要辞退他。

自食恶果,他无话可说。对于穆子表舅的安排,他只能接受,即便心里有一万个不愿意。他唯有抱怨社会不公,抱怨命运不公。

当所有顾客都离开后,他就一个人默默地清扫,再把所有的咖啡桌清洗一遍,每天累得骨头都要散架了。工作很累,他的心更累,总感觉背后有无数双眼睛在嘲笑他是个不良青年。

两个多月过去了,他应得的工资可以抵消医药费了。干完最后一天的活,他关上门打算离开。想起自己白白干了两个多月又苦又累的活,他心情沮丧极了。还有,找不到新的工作,他就得忍饥挨饿。

他独自一人沿着昏黄的路灯漫无目的地走着。突然,穆子从后面赶来,塞给他一个信封,他不要,但穆子强行塞给他就走了。

信封里,是穆子的表舅写的一封信。穆子的表舅说,看得出,农村出身的他凭借自己的努力考上一所省重点大学,他已经够努力了,他是个好孩子,就是把持不住自己的嫉妒心。同时,穆子的表舅说,人生有嫉妒也没有什么不好,但嫉妒应该转换成生活的动力,而不是恨,毕竟,人要为自己在仇恨情绪下做的错事买单。信的最后,是一张咖啡师培训邀请函。

看完信,他禁不住泪如雨下,好像一下就长大了不少。

此后一直到大学毕业,他都是咖啡厅的咖啡师,娴熟的技术、灵活的手法博得了无数人的掌声,也改善了自己的生活。

最重要的是,掌声背后,他把嫉妒转换成了生活的动力,为青春增添了美丽的色彩。

自古以来,成功人士无不是宽宏大量之人。嫉贤妒能的人,即使占据天时地利,也终会走向灭亡。

战国初期魏国名将庞涓,相传与孙膑同拜于隐士鬼谷子门下,因嫉妒孙膑的才能,恐其贤于己,因而设计把他的膝盖骨刮去。孙膑九死一生逃到齐国,在田忌门下担任门客。魏国进攻韩国,次年齐国救了韩国,采用孙膑"围魏救赵"策略,直趋魏都大梁,旋即退兵,诱使庞涓日夜兼程追击,在马陵中伏大败,庞涓因此而死。强烈的嫉妒心充斥着庞涓的心智,从他嫉妒孙膑进而想方设法陷害孙膑开始,就注定了他将会死于自己的嫉妒心。

(二)嫉妒从哪里来

嫉妒是一种比较复杂的心理,包括焦虑、恐惧、悲哀、猜疑、羞耻、自咎、消沉、憎恶、敌意、怨恨、报复等不愉快的心理状态。别人天生的身材、容貌和逐日显现出来的聪明才智,可以成为嫉妒的对象;其他如荣誉、地位、成就、财产、威望等有关社会评价的各种因素,也都容易成为别人嫉妒的对象。那么,嫉妒的来源有哪些呢?

1. 嫉妒源于同一领域的竞争

嫉妒心理具有等级性,只有处于同一领域的竞争者之间才会有嫉妒心理和嫉妒行为。例如,一个男子的多个亲密异性之间;一个女子的多个追求者之间;一个职位的两个竞争者之间;为了争取考试排名的同班同学之间;同事之间等等。同一竞争领域的且经常接触的个体之间往往会爆发激烈的嫉妒心理。人只会嫉妒与自己处于同一领域却比自己更优秀的人,而不会嫉妒与自己不在同一个领域的人,也不会嫉妒同一竞争领域里表现比自己弱的人。《三国演义》中,周瑜嫉妒诸葛亮是由于诸葛亮和他同处一个领域并且能力比他强;周瑜不嫉妒刘备、曹操、孙权,是因为他们不在同一竞争领域。

2. 嫉妒源于某种被破坏的优越感

当个体的某种优越感被破坏时，会产生嫉妒心理。没有优越感加持，个体只会表现出自卑和羡慕，而不会有任何的嫉妒。

生活中经常见到这样一种情形：小孩看到别人的父母抱他们自己的孩子时会产生羡慕心理，可不会嫉妒。可是当看到自己的父母抱着别人的孩子而不是自己时就不乐意了。为什么呢？由于其在别人的父母面前不具有任何优越感，可在自己的父母面前却具有绝对的优越感，这是小孩身上最明显的嫉妒心理。同样，一个一无所有的乞丐绝不会嫉妒皇帝的权力、地位、财富以及获取皇位的机遇，与皇帝相比，乞丐从未在这些方面产生过个人优越感，没有个人优越感也就不可能产生嫉妒。只有那些自认为与皇帝相当的人才会嫉妒皇帝，如皇帝的兄弟或手握重权的大臣等。

3. 嫉妒源于猴王心理与报复心理的结合

每个人一生下来，就先天具有一种强烈的自我为尊的意识，即认为自己是"猴王"，是最重要的，也是最强的，是不容置疑的第一号人物，这就是人人都有的猴王心理。

当他人把自己当成最重要的人，或认可自己是最强者时，人会表现出很喜悦、很安慰、很高兴的情绪；相反，当他人不把自己当成最重要的人，同时自己也确有不如人之处时，人就会表现出自卑、伤心、不安、焦虑、烦躁以及恐惧等情绪，伴随而来的往往是痛苦。这就是说，猴王心理与人的嫉妒心理紧密相连，是能够让人产生痛感和负面情绪的。当与自己处于同一领域的竞争者表现得十分卓越，并且自己也从心底承认他确实很优秀，比自己强，比自己更能够赢得更多人的拥护和喜爱时，从这位了不起的竞争者及其拥护者那里传送过来的信息，以及自己心底反馈过来的信息都会告诉自己:那位确实很卓越的竞争者才是真正的"猴王",而不是自己。这个信息马上挫伤到自己强烈的"唯我独尊"的猴王心理,嫉妒是普遍存在的心理状态。

(三)拯救嫉妒

一个人嫉妒什么,往往意味着其自卑感和自尊心在哪里,进而也就意味着其所追求的目标在哪里。故很多的"嫉妒"只要能以正确的目标与方向作引导,或者因"嫉妒"而采取某些提升自己的措施,对个人长远的行动目标来说却会是有益的。面对自己的嫉妒心,应该怎么做呢?

1. 不要和别人的长处比较

妒忌心理往往来源于将自己的短处和别人的长处进行比较,别人拥有的再多也与自己无关,他们的成功并不意味着世界上"成功人士的名额"减少了,因此不能说明自己就成功不了。

2. 保持"比下有余"的心态

总有人拥有的比自己多,也总有人不如自己。心生妒忌之时,不妨看看周围那些不如自己的人,那么肯定能够感激现在所拥有的一切。

3. 把握已有的

不要因为尚未得到的东西妒火中烧,将视线转移到"我拥有",而不是"我想要"。

4. 用祝福的心态看待他人

"眼红"的时候,试着改变思路,将妒忌心转换成对他人的美好祝愿。理解他们成功背后的努力、运气和奋斗,真心祝贺他们,用他人的成功激励自己:"海纳百川有容乃大,壁立千仞无欲则刚。"

5. 相信自己

每个人的能力可能会表现在不同方面,发现自己的特长,明确人生目标,不要因为别人早早取得成功而心灰意冷,甚至轻易改变自己的奋斗方向,相信通过自己的努力,一定会走出一条成功之路。

6. 见强思齐

一个人不可能在任何时候都比别人强,人有所长也有所短。人固然应该喜欢自己、接受自己,但还要客观看待别人的长处,这样才能化嫉妒为动力,才能提高自己。

十、承受挫折

"欲渡黄河冰塞川,将登太行雪满山""行路难!行路难!多歧路,今安在?"人生的道路十分艰险,又充满许多岔路,该怎么前行呢?倔强而又自信的李白用"乘风破浪会有时,直挂云帆济沧海!"(《行路难》)道出了自己对冲破重重挫折的信心以及对未来的展望。

挫折,是指人们在有目的的活动中,遇到无法克服的阻碍,其需要或动机不能得到满足的情况。在心理学上指因个体有目的的行为受到阻碍而产生的必然的情绪反应,常表现为失望、痛苦、沮丧不安等。人的行为总是从一定的动机出发,经过努力达到一定的目标。如果在实现目标的过程中,碰到了困难、遇到了障碍,就产生了挫折。

自古以来,拥有坚韧不拔的意志是中华民族的传统美德。

"千磨万击还坚劲,任尔东西南北风"①"宝剑锋从磨砺出,梅花香自苦寒来""有志者,事竟成,破釜沉舟,百二秦关终属楚;苦心人,天不负,卧薪尝胆,三千越甲可吞吴"②等,都是对耐挫力的一种赞美。

孟子曰:"天将降大任于斯人也,必先苦其心志,劳其筋骨,饿其体肤,空乏其身,行拂乱其所为,所以动心忍性,增益其所不能。"③更是表达了挫折对于个人成长的重要性,挫折可以影响到一个人的行为方式与处事方法。

文王被拘禁时推演了《周易》;孔子在穷困的境遇中编写了《春秋》;屈原被流放后创作了《离骚》;左丘明失明后写出了《国语》;孙膑被砍去了膝盖骨,编著了《兵法》;吕不韦被贬放到蜀地,有《吕氏春秋》流传世上;韩非被囚禁在秦国,写下了《说难》《孤愤》;《诗经》300首,也大多是圣贤们为抒发郁愤而作;司马迁受腐刑后作《史记》;张海迪扼住命运的咽喉,学会4门外语,成了一名作家;王洛宾历经苦难,成为"西部民歌之父";高士其苦斗病魔,成为我国著名的科普作家;塞万提斯在饥寒交迫的困境中写作出了《堂吉诃德》;爱迪生失败了8000多次终于发明了电灯……

每个人在生活中都会遭遇或大或小的挫折,有的人遭受挫折,依然可以昂首笑对人生,有的人却丧失奋斗精神,萎靡不振、自暴自弃。挫折并不可怕,一个人坚强,挫折就离他而去;一个人软弱,挫折就像绳子一样困住他的双脚。造成人们对待挫折态度迥异的原因,正是个人的情商高低。情商高的人往往具有更强的抵抗挫

---

① 郑燮著,吴可校点:《郑板桥文集》,巴蜀书社,1997,第180页。
② 据传为蒲松龄的自勉联。
③ 《孟子·告子下》。

折的能力。面对挫折,要做到:

1. 树立符合自身实际情况的目标

每个人都有自身的优势和劣势,应该在全面了解自己的长处与短处的同时,充分发挥自己的优势,努力改进自己的劣势,树立符合自己客观实际水平的奋斗目标。

2. 诚实而平静地检讨自己的过失

错误是不可避免的,人要想在社会中有所作为,不犯错误是不可能的,重要的是要以一种怎样的态度去对待自己的过错。人应该坦诚地面对自己的失误,及时采取弥补措施,并且在过失中吸取教训,争取不再犯同样的错误。

3. 不把跟别人比较作为衡量自己的唯一标准

每个人都应该收回自己放在外界的过多精力,使力量转而投向自己的内心,努力培养精神上的独立性和自主性,建立自己的为人标准和处事原则,而不是把跟他人的比较作为衡量自己的唯一标准。

4. 学会自我接纳

自我接纳是主观幸福感的因素之一,所以要比较全面、客观地认识自己,摆正自己的位置,正视自己的优缺点,接受自我、欣赏自我,并在此基础上发展自我,不断完善自我。

5. 坚强的信念与理想

在生命的旅途中,人们常常遭遇各种挫折和失败,会陷入某些意想不到的困境。这时,信念和理想犹如心理的平衡器,释放积极的心理暗示,能帮助人们保持平稳的心态,度过挫折和坎坷,防止偏离人生的轨道。

十一、驾驭负面情绪

"人生易老天难老,岁岁重阳。今又重阳,战地黄花分外香。一年一度秋风劲,不似春光。胜似春光,寥廓江天万里霜。"①毛泽东的这首诗句无不流露着他的积极态度和乐观情绪,正是这种积极的态度和情绪使他对待艰难困苦从不悲观失望,越是艰险越向前,"不管风吹浪打,胜似闲庭信步"。

生活中,驾驭自己的负面情绪,努力发掘、利用每一种情绪的积极因素,是一个高情商者所需的基本素质,也是一个人成功的基本条件。

(一)负面情绪来自哪里

生活中常见的大量不良、负面情绪都与性格有关。比如,容易忧愁的人一般都好强、固执、不善与人交往。他们经常感到不称心、不如意,满怀忧虑,考虑问题爱钻牛角尖;情绪上经常处于犹豫、疑虑状态的人,性格往往显得被动、拘谨、依赖,缺乏独立性和创造性,总是循规蹈矩、因循守旧;容易烦躁的人往往过于敏感,而且习惯于将愤懑的情绪埋藏在心底。

可见,要保持健康的情绪状态,必须对自己的性格特征有一个充分的了解,注意克服性格方面的缺陷。

一般来说,性格外向的人,比较乐观、开朗,生活中遇到不顺心的事情时,大多都能想得通,易于在情绪上自我解脱,因而能够适应环境的变化并经受住生活的挫折。然而,由于这类人的情绪容

---

① 毛泽东:《采桑子·重阳》。

易变化,情绪波动的速度较快和频率过大,往往会造成他们的心境不平衡,从而出现情绪紊乱的状况。日常生活中要多运用思维的力量来保持平静和沉稳,遇事冷静思考,克制冲动,防止情绪骤然爆发而破坏了宁静的心境。

性格内向的人,对生活中遇到的不顺心的事常常难以释怀,处于忧虑状态中不能自拔,甚至因此患病。要学会暴露、派遣负面情绪,遇到不愉快的事或者想不通的问题,不郁积于胸,向亲人或朋友们倾吐,获得他人的劝慰和帮助,使不良情绪得以适当泄散。

乐 观 者

有人问乐观者:"假如你一个朋友也没有,你还会高兴吗?"

答:"当然,我会高兴地想,幸亏我没有的是朋友,而不是我自己。"

"假如你正在行走,突然掉进一个泥坑,出来后成了一个脏兮兮的泥人,你还会高兴吗?"

答:"当然,我会高兴地想,幸亏掉进的是一个泥坑,而不是无底洞。"

"假如你被人莫名其妙地打了一顿,你还会高兴吗?"

答:"当然,我会高兴地想,幸亏我只是被他们打了一顿,而不是被他们杀掉。"

"假如你在拔牙时,医生拔掉了你的好牙留下了坏牙,你还会高兴吗?"

答:"当然,我会高兴地想,幸亏他拔掉的是一颗牙,而不是我的内脏。"

"假如你正在打瞌睡,忽然来了一个人,在你面前用极难听的声音唱歌,你还会高兴吗?"

答:"当然,我会高兴地想,幸亏在这里嚎叫的是一个人,而不是一只狼。"

"假如你马上要失去生命,你还会高兴吗?"

答:"当然,我会高兴地想,我终于高高兴兴地走完了人生之路,让我随着死神,高高兴兴地去参加另一个宴会吧。"

痛苦往往是不请自来,而快乐和幸福则需要人们去发现。负面情绪会成为前进道路上的桎梏,如果对负面情绪采取放任自流的态度,那就会影响生活。一个不能丢掉负面情绪的人是难以取得成功的。

某年,东京电话公司处理了一起事件,一个气势汹汹的客户对接线生口吐恶言,他怒火中烧,威胁要把电话连线拔起,他拒绝缴付电话费用,说那些费用是无中生有。他还写信给报社,并到公共服务委员会做了无数次申诉,也告了电话公司好几次。最后,电话公司派了一个最干练的调解员去会见他。

调解员来到客户家里,道明来意,暴怒的用户痛快地把他的不满发泄出来,调解员静静地听着,不断地说"是的",表示了对他的同情。这次会面花了6个小时。

调解员与暴怒的客户就这样会了4次面,到最后,客户变得友善起来了。

调解员说:"在第一次见面的时候,我甚至没有提出我去找他的原因,第二、三次也没有。但是第四次我把这件事完全解决了。他把所有的账单都付了,而且撤销了那份申诉。"

事实上,那个客户所要的是一种被当作"重要人物"的感觉。他先以口出恶言和发牢骚的方式取得这种效果,但他从电话公司的代表那儿得到了被重视的感觉后,无中生有的牢骚就化为乌有了。

受到客户无端的责骂当然生气,但这位高情商的调解员就这样轻易地驾驭了自己和他人的负面情绪,把负面情绪转化成一种解决问题的动力。

凡是理智和意志能有效地节制情绪的人,也就能基本保持情绪的平静和稳定,这是个人获取成功的关键。

(二)为自己的负面情绪找一个"出口"

一天晚上,李林正准备睡觉,一个中年妇女打来电话:"我恨透他了!"

"你是谁?他是谁?"李林一头雾水。

"他是我的丈夫。我一天到晚照顾两个小孩,他却以为我在家享福。有时候我想出去散散心,他也不让,可他自己天天晚上出去,说是有应酬,可谁知道他干什么去了……"

"对不起,您打错电话了。"李林终于能插进去话。

中年妇女丝毫不理会,坚持把话说完。最后,她叹了口气,对李林说:"对不起,我知道您不认识我,我也不认识您,但是这些话在我心里憋太长时间了,再不说出来我就要崩溃了。谢谢您能听我说完这么多话。"

情绪的宣泄是平衡心理、保持和增进心理健康的重要方法。

当不良情绪来临时,不应一味控制与压抑,而应该用一种恰当的方式,给汹涌的情绪一个适当的"出口",让它从自己的身上流走。

尽管自控是控制情绪的最佳方式,但在实际生活中,始终以积极、乐观的心态去面对不顺心的外部刺激,是非常难做到的。不能一味地追求忍耐和自控,还要懂得适当地宣泄,为自己的负面情绪找一个"出口",将内心的痛苦有意识地释放出来,以防止其不可控地爆发。

对于情绪的宣泄,可以采用以下几种方法。

1. 直接对引起负面情绪的事物发怒

如果发怒有利于澄清问题,具有积极性、有益性和合理性,就要当怒则怒,不但可以释放自己的情绪,而且还是一个人坚持原则、提倡正义的集中体现。

2. 借助他物出气

把心中的悲愤、忧伤、郁闷、遗憾等痛快淋漓地发泄到其他物体上,如写下来、对着玩偶发泄等,不但能够充分释放情绪,还能避免冲突和误解。

3. 学会倾诉

有了负面情绪后不要压在心里、自己生闷气,而要向亲近的人倾诉,倾诉的过程中,负面情绪会被释放,同时也是一次重新认识所发生事情的机会。

4. 高歌、运动释放

产生负面情绪时,可以使用音乐疗法,音乐疗法主要是通过听不同的乐曲,帮助人们摆脱不良情绪,除了听以外,自己唱也能起同样的作用,尤其是高声歌唱,是排除紧张、激动情绪的有效方法。运动流汗也可以帮助自身排解负面情绪,大汗淋漓之后内心的舒适感会将自己的负面情绪一扫而光。

5. 哭泣

哭泣可以释放人心中的压力,当一个人哭过之后,往往会发现心情舒畅很多。

宣泄要采取适当的方式,不能将工作、生活中的负面情绪带回家中,让自己的不得意牵连家人和朋友、找无关的人出气等都是不可取的方式。

人不能没有脾气,一个有涵养的人,也不免有时要发一下脾气,但一定要记住:想发脾气的时候就要给自己的情绪找一个适当的宣泄口。

第二节　使用"同理心"

一、同理心是什么

"同理心"是 EQ 理论的专有名词,是指正确了解他人的感受和情绪,进而做到相互理解、关怀和情感上的融洽。"同理心"意为将心比心,在同样的时间、地点、事件,把当事人换成自己,也就是设身处地去感受、体谅他人。

"同理心"是正常运作的人际关系的先决条件,不管是私人场合,如婚姻、爱情、友情、亲子关系,或者是专业场合,如经理与职员、专业人员与客户、师生、同行之间的关系。在所有的这些关系中,对别人的处境产生"同理心",会促进彼此之间的信任,以最快的速度与对方达成共识。"同理心"是情商的一个中心成分,缺乏"同理心"的人是无法表达出对他人的关怀、理解,从而获得融洽的人际关系的。

调查显示,令人羡慕的 CEO 往往是最会跟人打交道的人,是最有"同理心"的人,最会吸引他人做事的人。他们的成功很大程度上取决于他们不仅知道自己的感情和需求,还知道他人的感情和需求。在职场中,越往高处走,就越会发现能够听懂读懂别人,对于一个人的成功和幸福是多么重要。这种能力越强,就越能得到更多以前没法注意到的信息,知道别人在想什么、需要什么,在帮助别人和成就别人的同时,也会达到自己的目标。最强的竞争力不是让自己变得更强大,而是最会运用和培养"同理心",帮助和"利用"他人。

对于管理者而言,是否有"同理心"比采用某个具体意见更能赢得他人的信任和支持。对于下属而言,做到有"同理心",同样能赢得他人的信任,受到上司的重视和提拔。

二、辨识同理心

大学生怎样辨识自己的"同理心"呢?

一个发生在大学宿舍的情境:

"期末考试快到了,好烦喔,已经有好几门课不及格了,如果这次再考不好,我可能就要被退学了。"

下面四种回答,第四种运用了"同理心":

1. 不会的,你只要好好用功念书,就可以通过了。

2. 你为什么不先去找老师讲一讲,看看有没有什么补救方法?

3. 不要烦恼,看开点。

4. 你很担心期末考试考不好就要被退学了。

同理心将我们的情绪和对方联结起来,这个时候,最重要的是要接受对方的观点,并且不加评论。这并不是一件容易的事,因为绝大多数人都会忍不住评价他人。同理心和同情心不同,同理心更重视与他人内心的联结,看出他人的情绪,并尝试作出沟通。

当朋友与你分享不愉快的事情时,在同情心的作用下,你可能会想说一些话来安慰他,例如第三种回答:"不要烦恼,看开点。"但有同理心的你,知道这么做并没有帮到难过的对方。除此之外,我们还经常试着让情况好转,提供一些具有"一线希望"的建议,例如上述中:"你只要好好用功念书,就可以通过了"以及"先去找老师讲一讲,看看有没有什么补救方法"。这些所谓的回应也许并不会让情况有所好转,同理心要求我们与对方一起感受情绪,从而达到一种内心的呼应。因此,我们更应该对朋友说"我和你在一起,你并不孤单""虽然我不知道该说什么才好,但我真的很高兴你愿意跟我讲"等诸如此类的话,也就是上述第四种回答:"你很担心期末考试考不好就要被退学了。"真正地与对方联结起来,从内心深处设身处地地站在对方的立场,才能拥有真正的同理心。

三、如何培养"同理心"

低情商更多的是因为看问题、想问题时,往往从"我"的角度出发,而不是从"他"的角度出发。想要提高情商,必须培养"同理心"。

培养"同理心"的步骤如下:

1. 站在对方的角度,将心比心,把自己放在对方的位置,体验对方的处境。
2. 专心听对方讲话,让对方觉得被尊重,找到了知音。
3. 能正确辨识对方的情绪,善于观察对方的非语言性动作,从中了解对方心里的想法。

4. 能正确解读对方说话的含义,注意听取对方的"话中话",将辨识信息反馈给当事人,让对方知道你已经明白他的感受。

随着"同理心"水平的提高,你会发现,自己拥有了良好的人际关系、融洽的工作环境、个人素质的提升。

与智者言,依于博;与博者言,依于辨;与辨者言,依于要;与贵者言,依于势;与富者言,依于高;与贫者言,依于利;与贱者言,依于谦;与勇者言,依于敢;与过者言,依于锐。此其术也,而人常反之。①

第五章　沟通中的情商提升

什么是沟通呢?《辞海》解释为:"《左传·哀公九年》:'秋,吴城邗,沟通江淮。'即使江、淮两水相通,后泛指使彼此相通。"

沟通是信息的传递、被理解、互相反馈,它是发送者通过某种渠道将信息发送给既定对象,并寻求反馈以达到相互理解的过程,其目的是达成一致意见,是一个双向、互动的反馈和理解过程。这种过程不仅包含口头语言和书面语言,也包含形体语言、个人的习气和方式、物质环境——赋予信息含义的任何东西。

刘墉的《创造双赢的沟通》中关于"沟通"有很好的说法:在中国词语中,沟通的"沟"是水沟的"沟","通"则是通畅、通过、疏通的"通"。"沟通"就好比"通沟":政府和人民之间的"管道"不通畅了,有了民怨,要沟通;公司与职员之间有了"鸿沟",造成"劳资纠纷",要沟通;父母与子女之间有了"代沟",出现了所谓叛逆的

---

① 鬼谷子:《鬼谷子·权篇第九》,黄山书社,2002,第85~86页。

子女,鸭霸①的父母,要沟通;自己想不开,好比是脑袋里的沟给堵住了,要好好思前想后一番,也是沟通。"沟通"就是"通沟",把不通的管道打通,让"死水"成为"活水",彼此能对流、能了解、能交通、能产生共同意志。

沟通也像是大禹治水,又好像武侠小说里的"打通任督二脉",常常塞的是那里,打通的是这里,下面一通,就全通了。在生活中,沟通无处不在:国与国之间的外交,公司与公司间的商谈,各种会议,演讲报告……

人们对于沟通的理解和认识多种多样,但大多数观点缺乏对沟通含义的完整认识,如下:

观点1:沟通就是说话,我们每天都在说话,不是每天都在沟通吗?

观点2:我告诉他了,所以我已经和他沟通过了。

观点3:只有当我想要沟通时,才会有沟通。

这些观点从不同角度反映了对沟通的片面理解。隐藏在观点1背后的语言其实是:我们天天都在与人打交道,沟通就是说话,有什么难的?这种观点把沟通简单化了,在处理沟通问题时,没有做好充分的战略准备,容易造成沟通失败。观点2背后透露的是:我把信息传递过去了,我的沟通任务就完成了,至于对方有没有理解、结果怎样,那是他的事,与我无关,忽略了沟通的双向性。观点3是将沟通片面地理解为,只有语言性的互动才是沟通,忽略了沟通的非语言环节。

简单地说,沟通其实是一个关于"说""听""问"的闭环,包含

---

① 鸭霸:闽南语词汇,形容词,意思是冥顽不灵、较真、执拗、听不进别人的意见。

别人说的、听到的、理解的、想说的、实际说的、别人听到的、别人理解的。

在实际生活中,一个人想说什么与实际说了什么是有差异的,如有的人在表达自己的想法时有些词不达意。另一方面,别人听到的与其理解的意思也有差异,每一位听众会从自身的角度出发去理解听到的信息,然后做出反馈,这种差异会从其反馈中表现出来。理想的情况是:别人反馈出来的他对信息的理解恰好是讲话人的初衷或讲话人所期望的,但现实往往差强人意。例如,在某高校召开的表彰大会上,当主席台上就座的领导发言完毕,大会进入第二个环节时,主持人以洪亮的声音说道:"下面,我们进行第二个环节,请各位领导下台就座。"话音刚落,会场一片哗然。正所谓"说者无意,听者有心"。因此,沟通并不像想象的那么轻而易举,它是一门技巧性很强的学问。只有正确认识沟通,不断加强学习和训练,才能真正领略到沟通的真谛。

空姐的尴尬

在宽敞明亮的机舱内,长相漂亮、笑容甜美的空姐小杨推着餐车缓缓走来,她一边送餐一边询问:"先生,您是吃饭还是吃面?"生性耿直的张先生回答:"我吃米饭!"空姐接着问邻座的李先生:"先生,您是要饭还是要面?"李先生愣了一下,微微皱眉说:"要饭!"话音刚落,周围的乘客哑然失笑:"我们也要饭!"见此情景,空姐小杨满面通红……

准确地表达自己是谋求双赢之道不可缺少的,俗话说:"一句话能把人说笑,一句话也能把人说跳。"由此可见,会说话是多么的重要。

第一节　有效倾听

"聆听"一词出自《法言·五百》："聆听前世,清视在下,鉴莫近于斯矣。"意指集中精力,认真地听。本义为倾听吩咐,引申义为倾听。

古希腊先哲苏格拉底曾说:上天赐人以两耳两目,但只有一口,欲使其多闻多见而少言。寥寥数语,形象而深刻地说明了"听"的重要性。在人与人的沟通中,善不善于倾听,不仅关系到能否与他人建立起一种正常和谐的人际关系,还体现着一个人的道德修养水准,更关系着一个人或一个集体的生死存亡。

官渡之战是三国时期的著名战役,曹操以少胜多,战胜了拥有数十万大军的袁绍。战争胜败的原因分析有很多,其中是否能倾听意见、从谏如流占据了重要的方面。

官渡之战前,袁绍对曹操迎奉天子的做法不服气,他扩军备战,兼并诸侯,拥有了冀、青、并、幽四州之地,兵强马壮,"天下畏其强"。而曹操呢?四面邻敌,北有袁绍、东有吕布、西有张绣、南有袁术,还有准备偷袭的孙策。曹操烦闷,进而举止失态、行为反常。曹操问荀彧:"我一直想讨伐袁绍,可惜力不从心,不知怎么办?"荀彧说:"无妨,纵观古今,成败在人不在势。如果有真正的英雄,即便现在弱一点,也会强大起来。如果是冒牌货,就算现在强大,很快就会变弱。"荀彧还为曹操详细分析袁绍其人及曹操胜于袁绍的地方。在官渡之战期间,曹操也多听从谋士建议,在奇袭乌巢时,就是接受了许攸的意见。

反观袁绍,性格上各种毛病不论,在大战之际,他还是谁拍马屁就喜欢谁,谁提意见就讨厌谁。田丰喜欢提意见,他让田丰进牢房;沮授喜欢提意见,他让沮授坐冷板凳。袁绍进军黎阳,派颜良攻白马,沮授提醒说:颜良性情急躁,沉不住气,虽然骁勇,却不可以独当一面。袁绍不听,结果颜良被杀;曹操还军官渡,沮授劝他屯兵延津,兵分官渡,官渡那边初战告捷,延津的大部队再去不迟,如果前方失利,还会有个退路,但袁绍不听,结果被曹操拖进泥潭;曹操突袭乌巢,沮授再次建议,派蒋奇率一支别动队断其后路,袁绍还是不听,结果一把火烧光了所有的本钱。兵败官渡之后,袁绍又杀了田丰来掩盖自己的错误。

有人说,既然是沟通,不说话怎么行呢?如果大家都不说话,面面相觑,有什么意思呢?这样说没错,但不可否认的是,那些在交谈中很少说话的人,往往能得到肯定,原因就在于他们在认真倾听中明白了对方的心思,所以这样的人说的每一句话都有的放矢、切中要害。一个公司中,业绩最好的营销人员往往是最善于倾听的人,而不是最能说的人。

戴尔·卡耐基曾讲过这样一个故事:

有一次,他在纽约参加一次晚宴,碰到了一位优秀的植物学家。他从未跟植物学家谈过话,于是凝神静听,听其介绍外来植物和交配新产品的许多实验。午夜晚宴后,那位植物学家向主人极力恭维卡耐基,说他是"最能鼓舞人"的人,是个"最有趣的谈话高手"。而实际上,卡耐基几乎没说几句话,他只是非常认真地听。由此可见,"听"也是沟通的一种方式。

葛戴德·罗伦斯是一位出色的演员,她在舞台上的时候无时无刻不在倾听观众的反应。她由观众的静默、掌声、咳声、清嗓子等,了解自己演出的成败。每次演出结束之后,她都由听到的观众反应来总结自己的这场演出。倾听使她能够准确地掌握观众的喜好,因此越来越多的观众喜欢她。

汉高祖刘邦,能从草莽英雄成为第一个农民皇帝,就在于他善于听取萧何、张良的话,对其他人的意见也从谏如流;早期的齐桓公,对管仲言听计从,因此齐国大治,成为首霸,但由于对管子的临终遗言没有完全执行,就落得饿死内宫、群子抢政的败局。

心理学研究表明,越是善于倾听的人,与他人的关系就越融洽。因为倾听本身就是对对方的一种褒奖,一个人能耐心倾听对方的谈话,等于告诉对方:"你是一个值得我尊敬的人。"对方又怎能不积极回应、表现出好感呢?松下和豪斯虽然都是"大人物""名人",但他们在交际中丝毫没有摆出傲慢的姿态,而是恭听他人哪怕是初次见面者的谈话,使对方禁不住油然而生好感。他们这种愿意耐心倾听他人谈话的谦恭姿态,对于交际中想赢得他人好感的人是一种有益的启迪。

卡耐基说:"对和你谈话的那个人来说,他的需要和他自己的事情永远比你的事重要得多。在他的生活中,他要是牙痛,要比发生天灾数百万人伤亡的事情还更重大;他对自己头上小疮的在意,要比对一起大地震的关注还要多。"所以,人们必须要学会善于利用自己的耳朵,做个懂得倾听的人,成为他人的一个忠实的听众,如此一来,对方一定会觉得自己受到了重视,从而对你产生好感,愿意建立人际关系;相反,当别人说话时,你没有用心倾听,或者也抢着说,就会使对方失去说话的兴趣,丧失交谈的欲望。

的确,不懂得倾听是危险的,会错过很多重要的信息,也没有办法预见即将发生的事。在想要知道他人做某事的原因时,就不得不揣摩对方的心思,以弥补没有认真倾听的过程。

狭义的听是指凭助听觉器官接受言语信息,进而通过思维活动达到认知、理解的全过程;广义的听包括文字交流等方式。如果一个人是善于倾听的人,就会发现,倾听他人有多么重要:能够获得朋友信赖,友谊与日俱增;成功来得更容易,因为他(她)知道什么是人们想要的;更容易交好运,因为人们欣赏他(她),愿意与他(她)分享好消息……

一、学会倾听

有效倾听是指在对话中,把感观、感情和智力的输入综合起来,寻求其含义和理解的智力和感情过程。换成通俗的讲法,"听着"的不仅是耳朵,还有眼睛、脑和心。

倾听很重要,但在日常生活中,并不是所有人都能让别人张口说话,也不是所有人都可以成为另一个人的"知心听众"。对于大多数人来说,成长过程中并不怎么在意倾听。想一想人们在阅读方面花了多少时间就知道了,父母会给孩子推荐好的书籍,学校也会布置阅读任务,成年后还会保持阅读的习惯。写作和口头表达也是如此,从小学开始就接受写作训练和考核,要在整个班级面前做演讲,要参加"小小主持人""30天让你成为表达高手"等演讲口才培训班。可是,在倾听方面,人们接受过多少正规的训练呢?多数人的回答可能都是"丝毫没有"。

曾任克莱斯勒汽车公司总裁的李·艾柯卡说过:"我希望有一所学校,可以教会人们如何倾听。毕竟,一个好的管理者,需要学会倾听,这和表达一样重要……真正的沟通是双方的。"积极倾听,意味着完全关注谈话内容,充分理解说话者的意图,这是一项消耗生理与心理注意力、精力,需要经过训练的活动。它需要尊重、共情、真正感兴趣以及有理解的欲望。曾有研究表明:我们大约有70%~80%清醒的时间花费在参加某种形式的语言沟通上,其中仅有30%的时间在说话,有45%~50%的时间是听别人说话。但是人们却很少培训倾听,这可以解释:为什么很多人是差劲儿的倾听者。

倾听能够直接影响人们在学校、职业以及人际关系中的表现。当一个人还是一个学生时,他(她)可能希望仔细倾听老师的教诲,在小组与课堂讨论中,倾听其他同学的发言。在职场时,人们需要参加会议,按照要求工作,与客户沟通,给出与接收反馈。倾听,是一项占据人们大量时间、对人的生活有着深远影响却不容易被人重视的一项技能。

作为倾听者,你属于哪种水平呢?请先看下面几个问题:

1. 对方说话的时候,你是否正在准备自己要说的内容?
2. 在他人结束说话之前,你是否喜欢插话、打断别人的思路?
3. 如果他人说话的时间比较长,你是否会失去耐心?
4. 你是否觉得让他人理解你的观点比理解他人的观点更为重要?
5. 如果他人告诉你自己的烦恼或挣扎,你是否喜欢出主意?
6. 人们是否觉得你善解人意?

坦诚回答上面的问题,就可以看出一个人的倾听水平了。如果回答多是关注他人,那么应该已经懂得了倾听的价值;如果回答多是关注自己,那么就需要加强学习了。

每个人都有这样的体会:如果在交谈中对方认真倾听,自己心里就会比较舒坦,而且愿意和对方进一步交流、联系;如果交谈的一方不关注自己说的内容,就好像在传达这样的意思:"我对你不感兴趣,对你说的内容也不感兴趣。"当感觉到对方不在倾听,人际关系进展的可能性就很小了。

二、有效倾听的策略

为了使倾听有效,人们应该有意识地克服倾听的障碍,因此,掌握必要的倾听策略就显得格外重要。

(一)准备倾听

1. 愿意倾听

倾听的第一步是意愿,每个人必须明白自己倾听的目的,在思想上想要成为一个更好的倾听者。要意识到倾听是一个积极的而不是消极的过程,要愿意去了解与关注他人,而不是一味地证明自己有多优秀、别人有多么糟糕。如果自己不愿意去倾听,不想去理解别人的观点,那么,世界上最好的倾听策略也帮不了他。所以,倾听首先要创造一个积极与愿意的态度,在心理上做好倾听的准备。

2. 虚怀若谷,对新观点持开放态度

很多人抵制变化、新想法、异于本人的观点,这种抵制情绪影响积极的倾听与学习。如果一个人是防御性的、先入为主的、烦恼不堪的,那就很容易对信息做出错误的解释。对不同的观点、风格要持开放态度,通过实践与训练,人们可以对任何主题产生兴趣。

3. 将自己定位在倾听的位置

在课堂上、讲座上,要尽量坐在前排,或是找到一个让自己感觉舒适的地方,以便能及时关注信息。与人沟通时,不要急于表现自己、抢夺话语权,以对方为中心,而不是事事往自己身上拉话题。

4. 减少分神,表现出正在努力倾听的样子

在倾听的时候要集中注意力,减少分神,不要做其他活动(如发邮件、玩手机、做作业、列事物清单或其他事情),要端正地坐下来,身体微微前倾,保持与对方的眼神交流,参与讨论,积极询问问题,要注意自己身体语言的参与。

(二)倾听时刻,控制自我

1. 保持安静

当别人在讲话时,要保持安静,不要打断或与其他人交谈是倾听的基本规则。作为倾听者,角色是去理解他人,演讲者的角色,是让信息清晰可被理解,专心倾听,直到说话者结束。倾听并不意味着给出建议,至少在别人寻求建议前不要这样做;倾听,是要努力理解别人的意思。日常生活中,最经常出现的情况就是随意地打断别人的话,自顾自地讲起来。也许倾听者很愿意谈自己,但他人也是这样,因此总是谈论自己,对方就会不耐烦。其实,仔细想想,自己可谈论的话题也非常有限,反而给人留下夸夸其谈的印象。一个人如果想赢得别人的喜爱,不妨鼓励对方多谈谈他自己,静静地倾听对方的声音,这样的交谈技巧方式才是属于高情商者的方式。

2. 集中精力

身心集中对于有效倾听很关键。在一个长时间的讲座或是与人沟通中,每个人都会有跑神儿的时候,一个人思想开小差,就会出现眼神涣散、飘忽无神,回答不流畅的情况。要下定决心关注当下。倾听者的精力集中与否也在很大程度上决定了演讲者的状态,回想从小到大的课堂,如果课堂上集中精力、与老师互动的学生比较多,老师的讲课状态也会很好,更容易带领、引导同学们深入学习,反之,老师可能仅仅将课本上的东西照本宣科地念出来。

3. 表现出共情、尊重与真诚的兴趣

所谓共情,就是同感、同理心,是指准确地、带有情绪色彩地觉察他人的内在,就好像自己就是他,但又永远不失去"好像"的状态。在倾听的时候,要能够换位思考,把自己放在主讲人的角色上,这样更能理解主讲人所讲,从而深入体验他人的感受和想法。在共情的过程中,对方也可以感受到倾听者能感知他的喜怒哀乐、理解他的想法,体会到倾听者的真诚和对他的尊重。

4. 观察讲话者,捕捉重要信息

在聆听的时候,要注意观察讲话者,留心他(她)的语言与身体语言,得出什么是重要信息。如果是讲话者重复使用、重点强调,或是写下的信息,那么可能就是重要信息。在课堂、讲座、会议上,字幕片或课堂讲义可能包含重要的图表、图画、事实及定义等。

5. 适时互动,明晰讲话者的意图

在倾听的过程中,要学会适时地与讲话者进行互动,以了解讲话者的真实意图。当讲话者的语言给自己造成模棱两可的感觉时,要适时地询问:"请问,您刚才讲的,我的理解是……?"或"您的意思是……,对吗?"

6. 推迟判断,掌握尽可能多的信息

不要基于衣服、声音、神态、名声、讲话风格、讲话者的观点等信息来判断说话者,要持开放与好奇的心态倾听,聚焦于信息、内容与表现。结合所讲内容、主讲人所处环境、讲话人以往的讲话信息、事件背景等多种因素进行综合判断。如果在课堂或讲座上,不同意主讲人的某个观点,私下里与其讨论,不要当众挑战或做出让其感到尴尬的行为。当然,也可以批判性地进行思考,但是要尊重

他人,对新想法保持开放态度。

7. 不要受情绪影响

在倾听的过程中,不要让别人的情绪影响到自己。关注信息,在需要安静时,静静倾听,不要轻易被主讲人的情绪感染,也不要被其他倾听者的情绪所传染,保持冷静、理性。

(三)倾听时刻,注意识别对方的身体语言

1. 拥有察言观色的能力

在沟通中,如果想要了解对方的真实意图,除了从语言上判断外,还要通过对方的表情、手势、眼神、举止、穿戴等身体语言来做综合判断,这就要求人们要懂得如何察言观色,从对方微小的动作中寻找其没有直接表达出来的意思。有些人对"察言观色"持以鄙视的态度,觉得沟通就要通过语言来表达,按对方说的来理解;有的人会对察言观色视而不见,觉得察言观色意味着沟通中以对方为主,自己未言却先处下风。其实不然,察言观色能够帮助人们了解对方的心理和态度,掌握全面的信息,在沟通中更容易实现自己的目标。

2. 表情语言

在人类的心理活动中,表情最能反映情绪的变化。通过对一个人面部表情的观察和分析,可以了解其内心的欲望、意图和状态,借此可以形成对他的认知。"脸语"一般有如下几种:蹙眉皱额表示关怀、专注、不满或受到挫折等情绪;双眉上扬、双目张大,可能表示惊奇、惊讶;皱鼻,一般表示不高兴、不满、遇到麻烦等;嘴角拉向后方、面颊往上抬、眉毛平舒、眼睛变小等则是愉快的表现;嘴角下垂、面颊往下拉,变得细长,眉毛深锁,皱成"倒八"字等是不愉快的情绪表现。

3. 手语

哈佛专家说:手不但有情绪,而且情绪还很多,手的功能除了能让人们灵活地抓举东西外,也同样细腻地刻画了人们的情绪。如果在沟通的时候,某人不自主地将双手藏起来,那就说明他心中有隐藏,在隐瞒一些关键的信息;双手不停地摆弄东西,或者手指不停地动等这些情形说明了行动者的烦躁,其心里有较大的压力;如果人们在表达自己的意见时很坦诚,那么,他的双手通常是手心向外摊开的,这说明了此人对谈话的坦诚和对他人的真挚,这是接受别人意见的手势,不过,常使用这种动作的人也非常容易受外界的影响。

4. 眼神

眼睛是心灵的窗户,爱默生曾对眼睛做出过这样的描述:"人的眼睛和舌头所说的话一样多,不需要用词典,却能从眼睛的语言中了解整个世界。"[①]在与人交谈时,眼神应该注意些什么呢?(1)与人交谈时,视线接触对方脸部的时间,在正常情况下应占全部谈话时间的30%~50%,若超过这一平均值,说明对谈话者本人比对谈话内容更感兴趣;若低于平均值,则表示对谈话内容和谈话者本人都不怎么感兴趣。(2)倾听时,几乎不怎么看对方,则是企图掩饰什么的表现。(3)眼睛闪烁不定通常被视为用来掩饰的手段或性格上的不诚实,一个做事虚伪或者当场撒谎的人。(4)在短时间内连续眨眼,是神情活跃、对某件事感兴趣的表现,有时可理解为由于个性怯懦或羞涩,不敢直视对方而做出不停眨眼的动作。

[①] 海侬:《心理洞察术与心理博弈术》,中国商业出版社,2011,前言第2页。

5. 注意力转移

在沟通的过程中,如果对方开始转笔或是手拿一个小物件进行摆弄,说明此刻的沟通给他(她)以轻松感,对方主导着沟通;如果对方将视线移向电脑进行查看、翻看手头的书或其他资料,则说明沟通内容对对方已失去吸引力;如果对方抬头看钟表,表示对方已想结束此次沟通。

(四)听懂话外音

管理大师彼得·德鲁克曾说过:"在沟通中,最重要的是听出什么没有说。"

与人沟通时,要听懂对方说什么,但在实际的沟通中,人们更倾向于"点到为止",或者只说半句话,让双方在颜面上都保留余地。有时要实话实说,说大白话;有时要正话反说,反话正说;有时用眼神和其他肢体语言可以表达更多的言语意思。这就需要倾听者有理解能力,听懂对方的"话外音""话里有话",听懂别人的话,也有利于人们更好地抓住别人的需求,摸透别人的心理,给自己创造机会。可以参考以下几点"听话"的技巧。

1. 学会换位思考

"站在别人的角度",说起来容易做起来难,要想理解别人,首先得把自己带到对方当时的处境,这样才能明白对方为什么会这么说;这么说有什么含义;这么说是给我听的,还是指桑骂槐给别人听的。如果能学会换位思考,在对方没开口之前,就能猜出七八分了,这样不论对方说什么,自己心里早已料到,就会有所准备。

2. 认真聆听

这其实是以静制动的过程,耐心听对方把话说完,对方说的时候,安静地听,听他的语气,听他的用词,听他的比喻、举例子等背后的意思,这样才能听出事情的真相。不经过训练,人是不可能把语言伪装到天衣无缝的,细细听,细细品味,总有某个词语流露出对方真实的想法。

3. 不要打断对方说话

即使对方跟自己的见解有冲突,也要等对方把话说完。首先,这样的行为显得有教养;其次,不让对方把话说话,就不能很好地理解对方的意思,可能会出现尴尬和误会。最重要的是,等对方把话说完,再与他争辩的胜算比较大,当双方观点有分歧时,反复用请教的语气去追问他,问分歧点,多问为什么,这样对方就会吐露他真实的内心想法。

4. 听和问是相辅相成的

从对方轻描淡写的一句话,能听出多少信息,这至关重要。当听出这些信息后,一定要趁热打铁,多向对方提问,多设"语言陷阱",让他不知不觉地把真实的想法表露出来。

5. 眼神很重要

眼睛的沟通要比嘴简单、快捷、通俗易懂,没人爱跟表情僵硬的人聊天。反过来,眼神也是伪装内心的最好利器。一个人在听别人说话时,眼睛要看着对方,当对方说到愉快的话题,不妨跟着露出喜悦的眼神;当对方说到搞笑的话题,不妨也跟着笑;当对方痛斥自己的时候,不妨把眼睛向下看,露出惭愧的神情;当对方说到悲伤的话题,自己的眼神一定要跟着悲伤,这样对方就会放开了说。

第二节 理解能力

一、理解层次

NLP(神经语言程序学 Neuro – Linguistic Programming)界的大师罗伯特·迪尔茨(Robert Dilts)整理出来的理解层次模式,是人的大脑处理事情的一种逻辑。理解层次分6个层次,如下图所示:

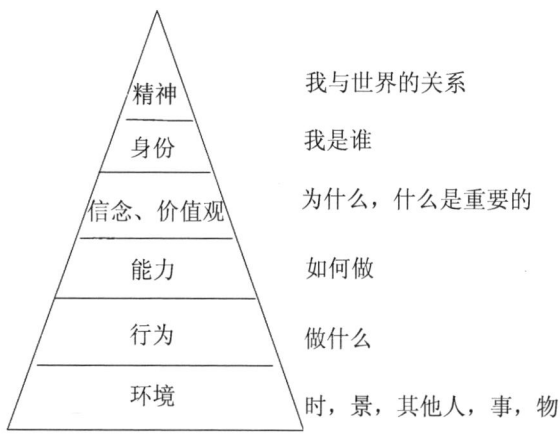

最低一层是环境层次,是外界条件,什么时候、在哪里、与谁在一起、做什么事等,是指除自身以外的,人、事、物、时、景等外在条件。

第二层是行为层次,是做了什么、没做什么,指的是人在环境中的活动,如走路、喝水、微笑等。

第三层是能力层次,是能不能做、可以做什么、怎么做、有什选择的问题,是指人在当下环境中所拥有的主动选择权或驾驭方法,抑或者是在当下环境中如何获得所欠缺的选择权或方法。如,当人看见一个杯子时,可以选择喝水也可以选择不喝水,或者是如何才能喝到水,抑或者没有办法喝到水。

第四层是信念、价值观层次,是相信什么、什么是重要的、为什么做、有什么意义,是指人们用于判断人、事、物的标准或准则。如,这个时间段喝水不好,为什么这个时间段喝水不好?

第五层是身份层次,即我是谁、是什么样的人,焦点是"我在当下是谁"。如,上课时,你站在讲台上,当下的身份是一名教师;在外和朋友一起玩,你在当下就是朋友圈中的一员。

最高一层是精神层次,是为谁做、人生有什么意义的问题,是人与世界(人、事、物等)之间的关系,为人们的行为、能力、信念和价值观以及身份定位提供了深层意义和目的。

环境,行为,能力是低三层,是由意识所主导,人们每天都有意识地接触到;信念、价值观,身份,精神是高三层,是由潜意识所控制,是人的深层需要,日常很少刻意地去思考,但却是人生成败、苦乐的决定因素。

这6个层次是相互影响的,较高的层次会决定较低的层次。比如身份,不同身份的人会有不同的行为,如一位教授,其行为一般是文明、有学问、有修养的。

有这样一个笑话,可以感受一下身份决定行为。

在一个城镇里有一个乞丐阿中,他讨饭10多年了。有一天,一位律师找到他,并且对他说:"恭喜你,经过我们的细心调查,发现你就是×××富翁的私生子,你的父亲已过世,他留下一笔1000万元的财富给你。"然后又问阿中:"现在有这么一大笔钱,你打算怎么用呢?"令人晕倒的是,阿中说:"嗯,我要买一个金子做的饭碗!"

个人最高的(或者最深的境界)是身份,当一个人确定了身份后,就会无时无刻地影响着自己的信念,进而影响其能力和行为;说话的语言,衣着打扮,所作所为,与人的相处,居住环境、工作环境,拥有的能力,信念、价值观等,都无时无刻不在维持和体现他的身份。

一个低层次的问题,在更高层次容易找到解决的方法;反过来说,一个高层次的问题,用一个较低层次的解决方法,很难有效果。就像乞丐阿中,他对自己身份的定位是乞丐,即使他的生存环境发生改变——一夜暴富,也改变不了其精神层面和身份定位。

在生活中,所有问题都可以用理解层次来分析,如下表:

	孩子考试不及格,不同理解层次的理解	下属报告做得不好,不同理解层次的理解
精神	以后如何在社会上立足	他对公司没什么用
身份	他天生就是纨绔子弟	他做不好会计
信念、价值观	以为父母会挣钱供养他一辈子	多做少做也没什么区别,干吗卖力?
能力	他压根对文法就少根筋	没上过大学,不懂得存货流动率
行为	考前看电视到凌晨	没有做存货流动率分析
环境	考试的时候天气太热	货舱资料不全

对于"孩子考试不及格"这个事件,父母和孩子的理解层次不同,就造成了"代沟"的形成。如孩子理解的是环境层次"考试的时候天气太热",他会觉得是因为"天热"导致了"不及格";而父母

的理解层次是信念、价值层"他以为父母会挣钱供养他一辈子",会为"孩子的不努力"而心痛,沟通冲突的产生是在所难免了。

再看一个冲突的由来,"男朋友忘记打电话给女朋友"。不同层次的理解:

行为:你没给我打电话。

能力:手机没电可以买一个充电宝啊!

信念、价值:你不爱我,不关心我。

身份:你是一个自私、不懂得爱的人。

把对话约束在行为及能力的层次上,冲突就不会失控;把性质定在信念或身份的层次上,冲突就发生了。

掌握了理解层次后,在与人相处时,就可以把事情控制在容易处理的层次上;在与对方沟通时,尽可能在同一个层次交流。当自己被一件事情困扰时,可以跟着理解层次的次序,由低至高,搜索问题的根源,进而思考解决方案。引导他人处理困难时,也可以运用理解层次,找出问题所在。沟通不畅时,可以辨析一下,是不是因为双方的理解不在一个层次。

二、人际理解力

在日常生活中,有一类人似乎特别擅长"读心术":与经历丰富的长者交流时,他总是能清楚地知道对方在想什么;与客户接触的短短几分钟里,他能够精准地抓住客户的需求;根据面试者在面试过程中的语言表达和行为,他能推测出面试者的优势与弱点……这种人有一个共同点:能穿过人际互动中的表面信息,获取更深层次的与他人内心感受和想法相关的信息,这种神奇的"读心术"就是人际理解力。

人际理解力，即理解他人思想、感情与行为的能力。它包括两个层面：第一，对他人理解的深度，包括从理解明确的想法或明显的情感，到理解他人行为背后复杂的、隐藏的动机，这个层面是人际理解力的核心；第二，对他人的倾听及反馈，即根据对方对行为事件的描述，在理解的基础上进行反馈，进而帮助他解决难题等。

理解深度级别如下表所示：

级别	行为描述
负一级	缺乏理解，误解他人或对他人的言行举止感到不可思议。
第零级	对他人缺乏正确而全面的认识，但还不至于严重误解他人。
第一级	理解他人的情感或一些明显的内容，但是不能将这两者联系起来。
第二级	对目前的情感与明显的内容都能够理解。
第三级	理解他人的真正意图。能够准确抓住他人尚未明确表达的思想和情感，或者能够采取他人希望但没有表现出来的行为。
第四级	理解深层次的问题。能够明白真正的问题所在，即导致对方流露出的情感或言谈举止的真正原因是什么，并对他人的优势与劣势做出公正的评判。
第五级	理解复杂的深层次问题。能够理解导致他人的态度、行为与处理方式的深层次的复杂原因。

人际理解力强的人，也就是善解人意的人，他们能"觉察他人的感觉或心情""理解他人的兴趣、需求与观点""理解他人对待某件事情的态度与行为原因"。

人际理解力决定一个人的沟通能力，具有不同级别人际理解力的人，在沟通效果上的表现也截然不同。例如有的领导与员工沟通后，员工信心百倍并充满激情和能量，像拉上弦的弓箭；而有的领导谈完话后，员工垂头丧气，像霜打的茄子。根本的原因就在于两类领导的人际理解力不同,前者了解员工的需求,采取了肯定和鼓励的方式沟通,让员工看到自己的优势和价值,同时发现了成长空间和改善机会,这是一种积极的沟通方式;后者却相反,结果也迥异。

了解人,就是了解人的普遍需求和人性的优劣势(或者是劣根性),根据人在特定背景下的心理需求和反应,同时给予恰当的回应,给对方以心理上的关心和安慰。试想一下,此时此刻下属正在跟上司汇报工作方案,而上司在听汇报时一直低头玩弄手里的笔,此人会怎么想?首先,从上司低头玩笔这个动作中判断出他的情绪——正处于无聊甚至不耐烦的状态;接下来,此人要尝试寻找这种情绪表现背后的原因——他可能觉得这个工作方案缺乏新意,并对此不太满意。

倾听和反馈的能力在某种程度上代表了人的沟通能力的高低。倾听和反馈级别如下表所示:

级别	行为描述
负一级	态度不友好,不能与他人进行有效的沟通。
第零级	倾听但缺乏诚意,没有真心去倾听他人说话。
第一级	认真倾听。能够抓住他人的思维线索与要旨,偶尔提出一些问题以便确认与理解他人意思。
第二级	积极倾听。敞开胸怀,鼓励他人发言,积极搜索话语间的信息,以把握沟通的核心内容。
第三级	预测他人反应。根据观察与理解,预测他人将会产生的反应,并做好回应准备。
第四级	积极聆听并予以适当回应。适时改变自己的言谈举止,并对他人关注的问题做出积极回应。
第五级	采取助人行动。针对他人在谈话过程中反映出的问题,提供力所能及的支持与帮助。

沟通的目的一般是要达成共识或者是说服他人按照自己的意图行事。因此，人们需要事先知道对方的需求和对方的认知水平，或者对方的底线在哪里，对方的关切点在哪里，对方的个性如何，从而知晓采用什么样的沟通方式更加有效。同时能在沟通过程中不断观察对方的反应，发现对方的变化，并给予有效的回应，营造出一个沟通良好的心理环境。一个有良好人际理解力的人能准确把握对方的心理，控制沟通的进程和走向，让对方在不知不觉、非常舒适的氛围中达成一致，最终实现沟通的目的。

人际理解力是情商的重要组成部分，是一种极为重要的个人能力，也是现代企业管理中重要的工作技巧。提升人际理解力首先要提升自知之明的能力，知道和理解他人的前提是对自己有充分的了解；然后是理解对方，例如对方的人格特征、社交风格以及可以接受的人际距离等；提升自己的沟通和倾听能力，注重提供有意义的反馈。

三、发起话题

"说得恰当要比说得漂亮更好，话多不如话少，话少不如话好"。很多时候，与人不熟悉或是短暂的停顿之后，往往存在不知道怎么开启一个话题的尴尬局面。真正的口才是善于说出应当说出的一切，并且只说出这一切的本领。

（一）寒暄，闲聊

在中国，长久以来，"你吃了吗？"基本上成了见面第一句。一般来说，人们把寒暄、闲聊只是当作一种礼貌，其实，人们可以在闲聊和寒暄中与对方建立起良好的沟通氛围。比如在冬天，人们常常以"天真冷啊"作为闲聊的开始。如果对方是北方人,一定可以引起共鸣;如果是南方人,他也会在闲聊中,说起自己的家乡,如此一来,就能顺利打开话题。在当今信息时代,一个手机 APP、一条微信、一个微博头条、一部电视剧、一个游戏,都可以开启一段美妙的交谈。

(二)寻找共同点

与陌生人沟通最重要的技巧就是:寻找共同点。所以,在交际中有一句经典的口头禅:"我好像在哪儿见过你?"这句话是具有超级杀伤力的沟通语言。一句话,就可以拉近彼此的距离,特别是会产生一种"心有灵犀"的感觉。

寻找到共同点可以让彼此一见如故,相见恨晚;而找不到共同点,只能导致四目相对,局促无言。那究竟要寻找到哪些共同点呢?

1. 外在的

比如对方的衣服、发型、身材等,对看到的共同的特征都可以作为共同谈论的话题。如双方都戴着眼镜,可以先聊聊近视的问题;双方都穿着同一品牌的服装,同样可以以服装为切入点。

2. 内在的

比如双方共同的兴趣、爱好、学历、阅历、经验、气质、风度等都是聊天的最好话题。如果大家都喜欢《红楼梦》,那立即切入进去,双方就会谈得很投缘;如果都去黄山旅游过,那就聊聊黄山。因为拥有共同的话题,双方会越聊越亲、越聊越过瘾。

3. 相关的

比如可以互相聊聊自己的孩子、家庭、所在的城市等等。如果发现双方是老乡,相信最不会讲话的人也可以马上和对方热络起来;双方毕业于同一所学校,有关学校的记忆也会迎面而来;双方都有一个五六岁很调皮的儿子,就可以聊做父母亲的辛酸吧。

其实,共同的话题有很多,需要人们去细心发现。真正的沟通是从观察、提问、互动开始的。要想挖掘出双方共同的话题,应该从以下几点开始。

1. 要学会观察

一个人的心理状态、精神追求、生活爱好等等,都或多或少地在他们的表情、服饰、谈吐、举止等方面有所表现,只要一个人善于观察,就会发现其共同点。所谓世事洞明皆学问,人情练达即文章。两个陌生人为了打破沉默的局面,开口讲话是首要的,有人以打招呼开场,询问对方籍贯、身份,从中获取信息;有人通过听对方说话的口音、言辞,侦察对方的情况;有的以动作开场,边帮对方做某些急需帮助的事,边进行沟通;有的甚至借火吸烟,也可以获取到一些有用信息。所以,细心观察、处处留心,就会变成一位沟通高手。

2. 要学会提问

只有问问题,才能了解对方的情况;只有问问题,才能解决问题。

3. 善于倾听,猜度共同点

去朋友家串门,遇到有生人在座,作为对二者都很熟悉的主人,会马上出面为双方介绍,说明双方与主人的关系、各自的身份、工作单位甚至个性特点、爱好等等,细心人从介绍中马上就可以发现对方与自己有什么共同之处。这当中重要的是在听介绍时要仔细地分析对方,发现共同点后再在交谈中延伸,不断地发现新的共同话题。

4. 找不到共同点,寻找相似点

比如对方是来自安徽的,就可以说"我去过黄山""我对黄山很神往"。另外,人们经常会听到这样的话"你看起来很像我的高中同学"或"你看起来很像我小学时候的老师",这些话其实都是在寻找相似点。在大学,学生当中会有很多的老乡会、社团、俱乐部,都是通过一些共同点,将人与人联系在一起。老乡会,"家乡相同"是共同点;社团,"爱好相同"或"价值观相同"是共同点;俱乐部,"兴趣相同"是共同点。毕业后,又有校友、同学、同事等,这些都是可以找到共同点的话题。

(三)巧妙捕捉他人信息

初次交谈时,根据对方的表面特征,对谈话对象有一个全面的了解,快速搭建心灵桥梁,能极大地改善谈话效果。根据对方的衣着、言谈、举止,与之前熟悉的职业人士所拥有的典型特征进行对比,看对方在多大程度上与这些人相似。根据对方的职业、专业,来调整自己的说话方式、语气、谈话内容。

(四)通过外在判断内心

人们内在的思维活动,如喜恶、性格、学识等,都会从外在,如衣着修饰、神情举止等表现出来,一个人的外表表象就是内心的一种映射。当遇到不熟悉的人时,可以通过对方外在的衣着打扮、行为举止来判断其内心。在与人交谈的过程中,同样能根据对方的外在特征推知他的内在心理状态、行为动机和个性特征;从对方感兴趣的方面入手,既能开启话题又能让话题顺利进行。

第三节 语言沟通

很多时候,人们沟通不通畅不是不知道说什么,而是不知道怎样说。不知道怎么才能把自己的意思准确地表达出来,不知道怎么说才能说到对方的心坎上。在说之前,要注意思考,三思而后说,如果说话不考虑,等于射击不瞄准,会给人四处乱撞的感觉。

我们先看一个情景对话,小李(女)与小王(男)是一对情侣,小王想邀请小李出去吃晚饭。

小王:亲爱的,今天晚上出去吃饭吧,你想吃什么呢?
小李:你说了算。
小王:吃火锅好吗?
小李:太辣了,不想吃。
小王:广东菜呢?
小李:没什么味道。
小王:那你想吃什么呢?
小李:随便,你定吧。
小王:那你给出一个范围,我上网查一下吧。
小李:连人家喜欢吃什么都不知道!你到底爱不爱我?

一场由吃饭引发的矛盾就此产生……

人们生活中的小摩擦、小矛盾往往就是从"说话"开始的。如果在这个情景中,小王和小李换一种方式,效果就会不一样。

小王:亲爱的,我们出去吃饭吧,川菜、广东菜、上海菜你想吃哪一个呢?
小李:上海菜吧。
小王:附近有家＊＊＊菜馆,网上评价很好,要不我们去尝尝?

小李:好啊。

换一种沟通方式,是不是觉得小王是一个暖男了呢?

在生活中,语言沟通有4个层次:交流信息,表达感情,建立关系,合作共赢。围绕着沟通的4个层次,在沟通时,要先学会"6个小贴士"。

1. 明确沟通目标:通过沟通,要解决一个什么问题,还是传递什么样的感情,或是想让两个人达到什么样的关系、达成什么样的共识。

2. 了解沟通对象:沟通对象的职业、职务、文化背景、性格、习惯、喜好等。

3. 做好心理准备:以积极的心态应对沟通过程中出现的各种现象,始终保持情绪恰当,随时注意:"我是与别人沟通,而不是与别人比赛。"

4. 选择沟通场合:选择恰当的沟通时间、地点,保证沟通过程不被外界杂音、外来人员打扰,不受时间限制。

5. 专注倾听理解:要学会倾听,尽量收集完整信息,综合理解、判断。

6. 用好沟通技巧:在沟通过程中,用好沟通技巧,营造良好的沟通氛围,做好承接,让沟通对象想说、能说、说尽兴。

在沟通过程中,还有一些基本要求,如下:

交流信息,要"词要达意",把想要表达的意思准确、完整、及时地表达出来;要做到思路清晰、思维系统;用词准确,神情、举止与语言表达意思一致。

表达感情,要"语言得体",通过语言将自己的感情、观点恰如其分地表达出来。要做到身份得体,听的人和说的人身份都要得体;场合得体,到什么山,唱什么歌;开口得体,语气、语调、用词得体;表现得体,举止、神情、感情表达符合时间、地点、场合。

建立关系,要"走进内心",通过沟通增进关系的亲密度。要做到善于观察找关键,同理心寻共鸣,真诚原则心贴心。

合作共赢,要"激发共识",达到思想认识的一致,建立共同目标,并且携手达成目标。要做到知道对方看重什么,清楚自己具备什么;还要让他知道,他和你能共同收获什么。

一、声音是表达的第一条件

声音是"沟通中最强有力的乐器",可以表现一个人的内心活动、性格、人品等,和人的情感、内在有很密切的联系。一个人的呼吸、气势、气韵、潜意识的影响力能带给人说不出的感动,巧用自己的声音,可以营造良好的沟通环境,偷偷抓住别人的心,用声音上的小细节带来意想不到的结果。

心理学家认为,声音决定了一个人38%的第一印象,是递给别人的一张听觉名片,当人们没有直视时,声音的音质、音调、语速的变化和表达能力决定了一个人说话可信度的85%。声音的感染力非常大,声音就是人的第二张脸。精神分析师穆萨·纳巴蒂说:"人跟自己声音的关系是一种想象关系,这中间有他对自身形象的一种期待。因为通过声音这个沟通工具,表达出来的是人内心深处的状态。"

在与人进行交流时,若从脸部表情、动作、言辞等方面无法掌握交流对象的心态,就可以从声音去揣摩对方的性格特征、情绪变化等。声音,已经成为高情商者的一种人际掌控术。

有时候,听着一个人的声音,就已经构成了足够的诱惑力,让人浮想联翩;而有的人,却不那么幸运,不开口还好,脱口而出的一个字、一声尖叫、一声抽噎或者大笑就把自己暴露无遗,罩得好好的面具就这样应声而落。

每个人的声音也会依据谈话对象、具体情形的不同而变化。声音是"情绪和个性的扩音器",在面试时颤抖的声音,在生气时变得尖厉的声音,在演讲时为了克服怯场而特意提高的声音。声音的这些戏法可能会让人猜错我们的年龄,甚至性别,但绝不会让人搞错我们的情绪。

每个人都在或多或少地利用声音:爸爸会提高音量让争吵的小孩安静下来,妈妈会轻言细语让恐慌的孩子放下心来,老板会用长官的语调让员工变得服服帖帖,售货员会放低音量来诱骗举棋不定的顾客,而爱侣之间会"奶声奶气"地说话以带给对方甜蜜感。

声音跟一个人的个性、经历、职业要匹配。一个动听的声音应该是饱满的、充满了活力,能够调动他人的感情。细小、单调、乏味的声音,表示说话者可能缺乏自信;音质宽厚、语调抑扬顿挫,从而放射出独特的性格魅力,提高交流效果;悦耳、舒心的声音,传递信任、成熟、可靠的信息;宽厚、低沉的声音让人感到有权威、可信、可靠。

在用"声"传"情"时,要特别注意声调、音高、语速、重音、停顿。

声调指一组词的升降调,表示该句子是问句还是陈述句。当声调和某个字词的含义相悖时,人们往往相信声调。不同的语气、语调表现不同的情感。如用不同的语调来说:

"你说呀,你倒是说话呀。"(撒娇)

"你说呀,你倒是说话呀。"(焦虑)
"你说呀,你倒是说话呀。"(愤怒)

音高是声音的高低程度,低音不自信,较高音则更具权威性、更性感、更悦耳。

我不会这样做的。(高,权威)
我不会这样做的。(低,不自信)

语速是说话的速度,紧张、激动、惊奇、恐惧、愤怒、急切、欢畅、兴奋时,语速稍快;沉重、悲伤、忧郁时,语速较缓。

轻轻的我走了,正如我轻轻地来。(欢快)
轻轻的我走了,正如我轻轻地来。(沉重)

重音是句子中要强调的一个词或一组词,重音表达准确、恰当,语意就会鲜明,语言的节奏感和表现力就会增强,感情的起伏就能恰到好处地表现出来。同一个句子,重音不同,表达的意思就会不同。

我知道你会这样做的。(别人不知道)
我知道你会这样做的。(不要以为我不知道)
我知道你会这样做的。(别人不会)
我知道你会这样做的。(你怎么说自己不会)
我知道你会这样做的。(你不会那样)
我知道你会这样做的。(不仅仅是说说而已)

停顿是口语表达的歇息与延伸,可以帮助人们理解句子的逻辑关系,增强语言的节奏感,使语义表达更准确,也便于说话人及时调节气息。如果停顿不当,则会造成误解。同一个句子,停顿不同,语意也不同,如下句:

在这个世界上//男人没有了女人//就恐慌了。
在这个世界上//男人没有了//女人就恐慌了。

一般情况下,柔和的声调表示坦率和友善,在激动时会有自然的颤抖,表示同情时略为低沉。不管说什么话,阴阳怪气的,就显得冷嘲热讽;用鼻音哼声往往表现傲慢、冷漠、恼怒和鄙视,是缺乏诚意的,会使人不快。

尝试用不同的语音、语调说下面这句话:

"我早看出来了!你早就烦我了!嫌弃我了!不爱我了!"
"你又瞎想!"

美国传播学家艾伯特·梅拉比安曾提出一个公式:沟通时信息的全部表达 = 7% 语调 + 38% 声音 + 55% 肢体语言。可见语音、语调是沟通中必不可少的部分。

有一次,意大利著名悲剧影星罗西应邀参加一个欢迎外宾的宴会。席间,许多客人要求他表演一段悲剧,于是他用意大利语念了一段"台词",尽管客人听不懂他的"台词"内容,然而他那动情的声调和表情,凄凉悲怆,不由使大家流下同情的泪水。可一位意大利人却忍俊不禁，跑出会场大笑不止，原来，这位悲剧明星念的根本不是什么台词，而是宴席上的菜单。

二、用人格魅力吸引对方的关注

人格魅力是最能吸引他人的无形武器，如同看不见的气场，吸引着对方。在与人交流时，要通过打造外表魅力、真诚交流、展示个人闪光点、善用肢体语言、传递热情，形成自己独特的人格魅力，吸引对方的关注。

"外表即为即时语言"，一个人的形象决定了他（她）的影响力，外表是外在与内在的桥梁，旁人对一个人的观感，既取决于谈吐又来自于外表形象，好的外在形象既是对别人的尊重，有时也是交际成功的重要因素。

杰出的销售大师弗兰克·贝特格说："外表的魅力可以让你处处受欢迎，不修边幅只会给人留下不好的第一印象，以至于在沟通过程中失去主动权。"

一天，弗兰克·贝特格在一次技术交流会上结识了一位经理，该经理对贝特格的产品很感兴趣，于是两人约好时间准备详细商谈。可是，在约定的时间下起了雨，于是贝特格就穿上了防雨的雨鞋和旧西装出了门。

贝特格来到公司后，向秘书递上自己的名片，要求和经理面谈，但是他等了将近一个小时才见到经理。没想到见到经理后，经理非常冷淡地说："我知道了，你和负责此事的人谈吧，我已经给他交代过了。"

这样的遭遇让贝特格百思不得其解，在回家的路上，他一直在思考到底是哪里出了问题，今天所讲的内容和平时一样具有足够的吸引力，但是为什么会这样呢？

正在思索着，经过一家商店的广告橱窗，橱窗中映射出一个穿着旧西装、雨鞋的人，看起来俨然一副流浪汉模样，他立刻恍然大悟，知道了自己失败的原因。

"交人贵在交心"，在与别人交流时，要本着真诚的原则，敞开心扉，展现自己真实的面貌，减少与对方的疏远感，才能获得他人的信赖和认可，吸引和打动人心。在日常交往中，别人能记住的，往往是那些不一样的行为或个性特点。用自己的闪光点，抓住对方的眼球，在对方心中留下深刻的印象。独特的名字、好的谈吐和举止、衬托自身优势的服饰、与自身气质相符的妆容、热情的行动、幽默的语言、自信的眼神、抑扬顿挫的声音和语调等等，都是自身的闪光点。

三、用语言魅力引导对方"侃侃而谈"

使交谈得以继续的，是双方的你言我语。不成为话题终结者，不冷场，更多的是靠语言的魅力。这需要我们掌握让对方"侃侃而谈"的技巧。

（一）用积极的情绪让对方处于放松的谈话状态

积极的情绪有助于营造和睦相处的良好氛围，在宽松的交谈氛围下，人们会放下心理包袱，产生较高的谈话兴趣，甚至畅所欲言。心理学家研究表明，在第一印象形成的过程中，人们的情绪状态具有十分重要的作用。因此,我们应该重视与人交往时表露出来的情绪,将好的信息传递给对方,这样才能活跃气氛。

1930年2月9日,是蔡元培先生的70岁大寿,在答谢前来拜寿的众位客人时,他风趣地说:"诸位来为我祝寿,总不外要我多做几年事。我活到了70岁,就觉得过去69年都做错了。要我再活几年,无非要我再做几年错事吧。"宾客一听,满堂大笑,整个宴会顿时充满了欢乐。

(二)表达清晰、有条理,让对方更好理解

一个人的语言是否有思想、具有说服力,关键决定于他的说话内容透露出来的信息。那些毫无逻辑、杂乱无章的言论和观点是没有人喜欢听的,且不具有任何说服力;相反,那些观点、思维清晰,有条有理的谈话和思维方式才会受人崇拜。

我国著名心血管专家洪昭光教授将标题性、条理性发言发挥到了极致,在谈论"健康的四大基石"时,分别采用了非常工整的标题:1.合理膳食;2.适量运动;3.戒烟限酒;4.心理平衡。在讲述"合理膳食"这一章时,每一节都用了一个字的小标题,他指出吃的食物要做到红、黄、绿、白、黑俱全,用非常形象、精练的语言陈述自己的观点。

在做工作总结时,很多人喜欢用概括、精炼的题目,让人能眼前一亮,对此产生极大的兴趣。如"安全工作一二三四法",其中"一"是指一条主线,"二"是指"两个保障体系","三"是指"三层安全网络架构","四"是指"四个载体"。简单的组合,可以让所讲内容变得生动、精彩,听众也容易记忆,传播也很快。

(三)适度地重复与模仿对方,赢得对方的好感

无意识地模仿交流对象的一举一动,能使两个人的关系更加

亲近，使交流变得更加愉快。我们都有过这样的经验，在与人交流的过程中，自己并不是刻意地模仿对方，但在说话时，会不自觉地变换语调与对方保持一致，甚至还会不小心蹦出几句对方的口头禅，又或者出现了和对方一样的肢体语言。为什么人在交谈过程中，会无意识地模仿交流对象的一举一动呢？心理学实验告诉我们，模仿往往是在不经意间发生的，而这样的模仿恰恰能拉近彼此的距离，让交流变得更加愉快。

（四）问对问题，引导对方深入交流

一个精妙的问题，能够获得一个人所需要的信息，同时能够激起对方的兴趣，引导交谈按照预期目的进行。关于问对问题，心理学家曾做过下面这样的实验研究：

实验人员让一名助手去一家面馆假扮服务员，当客人点面时，服务员会以三种不同的提问方式，向顾客推荐在面里加鸡蛋。

第一种："您的面要不要加鸡蛋？"

第二种："您的面是加一个鸡蛋还是两个鸡蛋？"

第三种："您的面是加煎鸡蛋还是煮鸡蛋？"

经过统计发现，接受第一种提问的顾客中，只有少部分人选择了"加蛋"；接受第二种提问的顾客中，大部分的顾客都回答加一个蛋，少部分的人回答加两个蛋，然而很少有人回答不加蛋；而接受第三种提问的顾客中，绝大部分人选择了煎鸡蛋。

心理学家因此得出结论：一个人的回答很容易受到问题本身或者选择顺序的影响，不同的提问方式可能会导致对方选择不同的答案。因此，我们在与人交谈时，一定要善于把握提问的技巧，这将改变一个人的习惯性对答方式，引导对方按照自己设想的目标进行。

（五）心诚言巧，让对方放下戒备

每个人心中都有一道防备墙，保护自己不让他人随意闯进来。要让对方加入自己的谈话中，首先就要消除对方的戒备心理。轻松的闲聊、寒暄，能慢慢瓦解对方的戒备心理，而真诚的心灵，能让对方放下戒备、开口讲话，再加上适当的语言技巧，就能让对方口出真言。

没有人会拒绝一个真诚的人，真诚能融化对方的心理防线，走入其内心世界。展示自己的真诚时需注意 4 个方面：真诚地和对方握手；时刻微笑地看着对方；细心关注对方的需要；谈话不要过分客气。

语言的技巧有：迎合对方。通常情况下，人们对那些与自己有不同观点的人比较敏感，无形之中会建立起一种戒备对立的关系，因此，就算自己的观点与对方不一样，也不要当面指出来，而是要先认同对方，然后再以委婉的方式将自己的意见表达出来；用符合对方表达习惯的方式进行表达，不同的人拥有不同的知识背景和表达习惯，因此，在与人交谈时，想要很快和对方拉近心理距离，在表达方式上就要与对方保持一致；适当地暴露自己的小缺点，一点儿缺点都没有的人，会给人高高在上的感觉，只可崇拜而不能靠近。要缩短和对方的心理距离，消除对方的戒备感，就要打破完美形象，适当地暴露一下自己的缺点，从而获得对方的信任。

（六）说话掌握好分寸，不得罪人

不论对方是刚认识的人，还是多年的朋友，说话都不能肆无忌惮。有时候，一句无心之语就可能惹得双方都不愉快，使得同伴疏离。在交流过程中，要时刻保持理智，谨言慎行。

古时候，有个人设宴宴请4位朋友来家中吃饭，其中3个人按时赴约，第4个人迟迟没来。等了一段时间后，主人有些着急了，说："急死人，怎么这该来的还没有来呢？"

听到这话，在座的一个客人很不高兴，问主人："你说该来的没有来，那意思就是我们是不该来的了。那我告辞了！"说完，气冲冲地离开了。

一位好友没来，一位好友又走了，主人气急败坏地说："真是的，不该走的却走了。"剩下两位客人中的一位生气了，说："你这么说，该走的就是我了。行，我走。"说完，也扭头走了。

又一位客人离去，主人焦急地如热锅上的蚂蚁，不知所措。留下的那位朋友与主人感情较深，劝他说："你看，朋友都被你气走了，你以后说话应该注意一下。"

这位主人相当委屈地说："朋友们都误会我了，我说的压根就不是他们。"听到这话，这位朋友也压抑不住，脸色大变："什么？你说的不是他们，那就是说我了！"最后一位朋友也怒气冲冲地离开了。

这个故事说明一个道理，想要成为一个受欢迎的人，就必须谨言慎行，避免犯这种无心伤人的错误，一句随口而出的话可能会引起听话者心理上的不平衡，从而导致其行为的变化。所谓"说者无心，听者有意""祸从口出"，这就要求每个人都要管好自己的嘴，在开口之前，首先要考虑对方的性格、习惯、说话的禁忌以及接受程度。在说话时，要知道什么话题是对方的禁区，如别把自己的隐私拿出来大谈特谈、不要询问别人的隐私、不要提别人的伤心事、别总盯着别人的健康状况、幽默也要看对方的接受程度、不要谈论争议性的话题、不要随便评价别人等等。

除了说话的禁忌不要碰触外,还要掌握说话的分寸,例如提高自己的学识和谈吐、维护别人的自尊心、说话客观、认清自己的身份、不要让自己过于兴奋、注意语言表述的文化差异、保持善意等。人的一言一行,都会给周围的人带来影响,想要得到什么样的效果需要自己好好把握,掌握好语言的分寸,就能保持愉快、和谐的谈话氛围,让感情升温。

四、衷心赞美让对方如沐春风

每个人都希望得到别人的肯定与称赞,赞美能调节交谈双方的关系,增强信任感。

老张是一个企业中受人尊敬的资深顾问,有一天,老张请客,客人到齐后,他挨个儿问人家是怎么来的。

第一位说自己坐出租车来的,老王大拇指一竖:"潇洒,潇洒!"

第二位是个领导,说自己开车来的,他惊叹道:"时髦,时髦!"

第三位显得有些不好意思,说是骑自行车来的,他拍着人家的肩膀连声称赞:"廉洁,廉洁!"

第四位没权没势,自行车也丢了,说是走着来的,他也面露羡慕:"健康,健康!"

第五位见他捧技高超,想难一难他,说自己是爬着来的,他击掌叫好:"稳当,稳当!"

这则笑话其实也道出了赞美的最高境界——每个人都值得赞美,每个人都有可赞美之处。虽然人人都喜欢赞美,但如果赞美不得当,或者不会赞美,则会带来适得其反的效果,给人"假""虚伪"的感觉,成了拍马屁、谄媚等。

(一)学会赞美

好的赞美有以下几个标准:

1. 诚恳自然,让人乐于信服

从对方的优点出发,一定要发自内心,不是阿谀奉承、溜须拍马,而是确实从这个人值得赞美的地方去赞美,要真切自然、不动声色,说的既是实情又让人受用;虚伪造作的赞美只会让人感到不适。

2. 尺寸恰当,让人乐于接受

赞美一定要符合别人的实情,尺寸恰当,分量适中;不要任意夸大没有分寸的赞美。

3. 富有新意,让人耳目一新

同样赞美的话听多了,会让人觉得陈词滥调,被赞美的人对此也没有什么感觉了,更有甚者会觉得赞美"不走心",也就不会将这样的话放在心上。

(二)赞美的技巧——让赞美"拐个弯"

有时,让你的赞美"拐个弯",无论使用怎样的溢美之词都不会显得露骨和肉麻,而对方又能领会到赞美之情。

1997年,金庸与日本文化名人池田大作进行了一次会面,其内容后来被辑录成书出版。①

会谈刚开始时,金庸非常谦虚地说:"我虽然跟过去与池田会长谈过的世界知名人士不是同一个水平,但我很高兴尽我的所能与会长对话。"池田大作听后赶紧说:"您太谦虚了,您的谦虚让我深感先生的'大家之风'。在您72年的人生中,这种'大家之风'是一以贯之的,您的每一个脚印都值得我们铭记和追念。"

紧接着,池田又说:"正如大家所说,'有中国人之处,必有金庸之作',先生享有如此盛名,足见您当之无愧是中国文学的巨擘,是处于亚洲巅峰的文豪,而且您又是世界的'繁荣与和平之港'的香港舆论界的旗帜,正是名副其实的'笔的战士'。《左传》有云:'太上有立德,其次有立功,其次有立言,是之谓三不朽。'在我看来,只有先生您所构建的众多精神之价值才是真正属于'不朽'的。"

池田大作直接赞美了金庸的"大家之风",又用世人对金庸小说的评价来赞美他:"有中国人之处,必有金庸之作。"最后又引用《左传》中的话来进一步表达自己的赞美,既不失公允,又恰到好处、匠心独运地赞美了对方,给予对方满足和肯定。

眼光如炬,精准发现别人身上的"闪光点",并在适当的时候,让你的赞美"拐个弯",潜藏的力量不但未被缓冲,反而倍增。

(三)赞美的技巧——先抑后扬

与人交往的过程中,应该多赞美别人,不要轻易否定对方。然而,有一种形式的否定,对方是能够接受,并且是愉快地接受,同时

---

① 金庸、池田大作:《探求一个灿烂的世纪 金庸/池田大作对话录》,北京大学出版社,1999。

又能让别人对你好感倍增,那就是先抑后扬式赞美——艺术处理否定过去、肯定现在。

生活中常常会出现这样的现象,一个人在没有成功的时候,很少听到他说自己以前是多么的贫穷或落魄,只有等他有了一定的成就,他才会说:"我当年是多么贫穷、落魄到什么程度,日子多么苦。"人之所以能坦然说出以前是多么的"低下",是因为现在他已经变得"高贵"了,而过去那些不好的经历愈发能增加人们对他现有成就的敬仰,更能充分体现他此刻的优越感。

北京电视台的一个节目《神州音话》中,有两个关系很好的演员互谈感想,其中一位感慨道:"我们第一次见面是在齐齐哈尔话剧团,我对他印象不好,我是爱干净的人,床总是特别干净,而他属于那种把被子一抟就钻进去睡,把被子一揪就钻出来的人。可是后来,我最佩服的就是他了……"

在公共场合评论朋友,如果全说好话,除了显得不真实,还有些许吹捧的嫌疑,可如果说缺点,又容易得罪他人。在这种情况下,可以尝试用"先抑后扬"的方法,先给以否定评价,再肯定对方,既可以增加谈话的吸引力,还能显得真实可信。

(四)赞美的技巧——巧用行动表示

善于说话的人,大家在心理上自然而然会对其产生亲和感和信任感,然而有时候用行动表示赞赏所产生的影响力比华丽的言语更大、更持久。

不同的人有不同的需求,表达的方式也有很多种。除了语言赞美外,还有肢体接触、赠送礼物、高质量地倾听、有效地反馈等。高质量的赞美仅仅用语言是不够的,还需要通过其他方式表达。比如,邀请一个不熟悉的人加入到你们热烈的讨论中,是一种赞美；长时间站在艺术家的作品前，一言不发地凝视他的作品，对于艺术创作者来说也是赞美；给人最忠厚的建议或者安排更有分量和挑战的工作，对于下属来说，就是赞美。

语言赞美的同时，再加上一些动作来表达，更容易让对方感动，促进他人更加积极地投入谈话中，如点头、微笑、竖起大拇指、鼓掌、拍肩等。

（五）赞美要把握时机和尺度

真正懂得赞美的人，会将强弱、分寸拿捏得当，将赞美的火候掌握得很好。如果没有掌握好赞美的分寸，就算是真诚的赞美，也会失去本该有的魅力，糟糕的赞美还不如不赞美。

对于初次接触的人，要做到真诚赞美并不是一件容易的事，在不了解他人的前提下，若过多地赞美他人，即便是由衷之词，对方也会起疑心：你对我都不了解，怎么知道我的性情、行事风格，真是太不走心了；并且有可能会因此对你心存戒备，不会有更深入的交谈。

塞缪尔·约翰逊说："赞美，就像黄金，只因稀少而有价值。"

课堂上，讲课的老师非常善于赞美，"真棒""非常好""思考很有深度""理解很到位"等称赞不离口，你作为其中一名受到表扬的学生，心里会觉得很受重视呢，还是对赞美产生了免疫力？再比如一个长相甜美的女孩，第一个人说她"很美"，第二个人说她"很漂亮"，第三个人说她"真的很漂亮"，当一个男孩子想接近这个女孩子的时候，如果还说"你好漂亮啊"，也许并不会让她感到开心，而是让人觉得不过是陈词滥调，很可能还会为这个男孩子贴上不真诚的标签。但是，如果这个男孩子做了一点功课，发现了她的另一个优点，比如喜欢读书，他如果这么说："第一眼觉得你很漂亮，但接触一下就会发觉,你自内而外散发出来的魅力与气质,有一种浑然天成的感觉。"相信你会在她心里留下一个好印象。

赞美除了把握一个度,时机也很重要,对人由衷的赞美一定要及时。帮助过你的老师、朋友,甚至是父母,要及时地将你对他们的尊敬、赞美,言行一致地表达出来。甚至是大学宿舍中对自己友善的宿舍阿姨、打扫卫生的管理员、帮助过自己的一面之交等等,不要因为含蓄和内敛,而给自己留下无法表达出谢意和赞美之意的遗憾。

五、恰当地寻求对方支持

请求他人不仅仅是要获得对方的帮助,而且是一种拉近彼此之间距离的方式,最终能否获得他人的帮助,与你的策略和方法密切相关。

(一)开放的心态让对方更愿意帮助你

开放的心态是沟通的基础,心态开放,就能够正确地面对自己的不足,正确对待他人的意见,敢于正面现实,也有勇气面对失败和挑战。

1991年8月,成长青从美国旧金山飞往蒙特利尔,在飞机上他看到一个似乎曾经在聚会上见过的人。于是他走过去,主动与他打招呼,短暂的寒暄过后,两个人开始互相交流工作和生活。那个人正担任多伦多道明银行的人事部经理,在了解了成长青的性格和能力后,他主动提出邀请说:"你很优秀,不知道你有没有兴趣到银行工作?我们银行正需要一位像你这样的高级客户经理。"

后来,在这位朋友的推荐下,成长青进入了加拿大多伦多道明银行担任高级客户经理,负责协助电信业和矿产业企业做融资业务。正是在多伦多道明银行的经验,为成长青以后在金融业发展打下了坚实的基础。而这个机会正是源于他用开放的心态与陌生人的"偶遇"所得到的。

某一分公司接收了几个从总公司分下来的司机,但是因为岗位职数的原因,暂时无法安置,分公司只得将这几个人安排到办公室值班,以便随时应对人手不足的情况。

这几名司机因为岗位分配不合自己所长,心有不满,而且新的工作岗位没有特别明确的职责要求,就比较懈怠,在办公室里经常玩手机或聊天,有公司员工到办公室时,他们态度慵懒。其中只有一位司机小李每天准时上下班,见到公司员工到办公室来,不管职务高低都站起来,很热情地给别人打招呼、提供帮助。过了一段时间后,分公司晋升了一位经理,同时要为这位经理选拔专职司机,分公司的所有司机包括这几名分下来的司机,纷纷托人向这位经理求情,想成为他的专职司机,但这位经理排除干扰,点名让小李做他的专职司机。

每个人都渴望获得他人的帮助,尤其是当自己的资源已耗尽后,依然无法取得成功。此时,如果我们对于接触陌生人和外界社会怀着排斥的态度,又如何获得意外的收获呢?而与陌生人交谈,则要求我们应该通过开放式的问题,引导对方展开谈话,不要强求对方谈论他不熟悉的话题,更不要询问涉及隐私的问题。

（二）请求前仔细考虑，不为难对方

请求他人提供帮助的时候，要视环境、条件以及对方的能力来定，不要一味地要求对方满足自己，强求只会带来难堪，更不要随意对他人的言行意图加以揣测，慎重考虑，温和地表达自己的请求。

（三）寻找突破口，由小到大地提请求

当面对一个较大的请求时，对方可能会因为没有办法完成而拒绝，此时应该试图寻找对方能够答应的突破口，从小处着手，放眼更长远的利益。

生活中人们常常会因为不知道怎么说服别人而感到苦恼，例如，父母不同意恋爱对象；导师不同意学生提出的研究方向；上司觉得下属的企划方案过于冒险；客户对于销售人员推荐的商品犹豫不决。面对这些问题的时候，人们可能会因为没有掌握说话的技巧，而不清楚该如何说服对方。

著名人际关系学家卡耐基曾经遇到过这样一个难题：因讲课而租用的礼堂在租金方面出了问题，礼堂的所有权归旅馆，旅馆经理告诉卡耐基若想继续租用，需要支付比原来高三倍的租金。当时卡耐基已经向社会发出了课程通知，可自己也不想多付钱，如何解决这个难题呢？他认为对方感兴趣的就是他们想要的东西。于是，他想到了一个办法。

他对旅馆经理说："突然接到你们的通知，确实有点震惊。不过这也不能怪你，你是经理，让旅馆尽可能地获得利润是你的责任，假若我处在你的位置，我也许同样会如此，否则

就职位难保。但是,我希望你仔细考虑一下这样做是否有利。"

卡耐基停顿了一下,接着说道:"有利的方面是如果租礼堂的不是我,而是办舞会、晚会,你可以获得更高的收益,因为他们时间不长,却支付比我更多的租金;而不利的方面是因为付不起你的租金,我会走人,然后找别的地方,这就降低了你的收入。此外,不得不提醒你的是,我的学员来自各行各业,很多是有文化、受过教育的中上层管理者,他们来这里对你来说,无疑能够起到免费广告的作用。即使你花钱做广告,也未必能有这么多人来现场参观。所以坚持涨价的做法,最不合算的人是你。"说完,卡耐基就离开了。

最后,旅馆经理心甘情愿地做出了让步。

原本看似不可能的事情,经过卡耐基的分析后,对方做出了让步,答应了卡耐基的要求。为什么他能将这个看似没有商量余地的事情,按照自己的预先设想,成功地让对方答应了呢?就是因为卡耐基抓住了事情的突破口,一点点地打动对方,最终让对方同意了自己的观点。进行沟通前,我们需要了解他人真正的需求是什么,这样在说服他的时候,就可以从对方的角度出发,为其分析利害,这样的方式往往更容易被人接受。

当一个人想要向别人提出一个较大且有困难的要求时,如果直接提出来,对方答应的可能性很低,遇到这种情况时,不妨适当地降低标准,先提出小要求,再"得寸进尺",让他人逐步地接受你最终的请求。从心理学的角度来说,人们乐于接受较小的、容易完成的请求,在实现之后,人们会慢慢地接受较大的请求。

女记者帕兰打算在澳大利亚墨尔本采访一位权威人士，请他就海洋动物保护问题做 15 分钟的广播讲话。这位权威人士特别忙，曾经拒绝了很多记者的请求。帕兰打电话的时候说："在百忙中打搅您很过意不去，我们想请您就海洋动物保护问题谈谈看法，大概只要 3 分钟就够了。听说您日常安排极有规律，每天下午 4 点都要走出工作室，到户外散步。如果可能，我想可不可以在今天下午的这个时间拜访您？"

权威人士接受了这个请求，采访于当日下午 4 点钟准时开始。而当帕兰与这位权威人士告别时，时间已过去了整整 20 分钟。

在实际生活中，每个人都有"保持自己形象一致"的心理，希望给他人留下大方的印象。因此，在接受别人提出的第一个小要求后，再面对第二个要求时就不会被拒绝，人们往往会想：反正都已经帮过了，再帮一下也行，那就好人做到底吧。

某一本科学生想加入本校本专业的一名老师的科研队伍中，但是这位老师带的博士、硕士已经够多了，没有时间再指导本科生了，其他提出想加入这位老师的科研团队的同学都被拒绝了。这名本科生花了两个月的时间写了一篇与这位老师的科研方向相关的论文，到老师办公室说："老师，我以前从您办公室前经过，都看到您很忙，有时想问您问题也不好意思来打扰。今天我想冒昧占用您半小时时间，请您指导一下这篇我写了两个月的论文，有几个关键点，我不知道该怎么解决？"结果，这位老师不仅为这名学生指导了论文，还为他讲解了科研论文写作的注意事项。当这名学生提出加入老师的科研团队时,老师也欣然同意了。

在生活中,有很多女生喜欢把减肥挂在嘴边,但是坚持下来很难,大多数人定的目标是减掉多少多少斤,几天过去后看到自己没有达到目标,就觉得这个任务太难实现了,于是选择了放弃。其实,可以先从简单的运动开始,比如每天饭后站起来10分钟或者散步等,做比较轻松的运动,之后再慢慢加大运动强度,最终达到塑身的目的。千里之行始于足下,一点点的成就都会是我们迈向更大成功的动力。

(四)帮与不帮都感激

即使是最好的朋友,也不一定是必须帮助你的,如果对方没有答应你的请求,也要尊重对方。帮不帮是别人的权利,尊重不尊重别人则关乎你自己的修养。

有些人总是记得自己对别人的好,甚至一丁点的帮助也牢记于心,因而总是希望自己有困难的时候别人也能帮助自己,当对方没有答应或者因其他原因无法提供帮助的时候,就会心存怨恨,觉得对方不知感恩,长此以往,他便陷入一种烦恼中,觉得全世界只有自己是善良的,别人都有负于他。

还有一些恋爱中的女孩,将男朋友视为自己的全职服务生,只要有需要就会给男朋友打电话,稍有不满意就生气、发脾气,将问题升级到"爱不爱我"的地步,导致男朋友身心俱疲,当某一件事成为"最后一根稻草"的时候,可能就会导致两人分手。

人与人之间的交往,贵在相互尊重。尊重应该体现在对他人的现状、价值观、人格和权益的接纳、关注和爱护,不仅表现在能够帮助他人,还表现在尊重对方的意见和选择。

某省重点大学大四学生小 A 到一家大型公司应聘项目主管助理，经过网选、笔试，终于到了面试环节，小 A 到了面试地点才发现，与她一起进入面试环节的有很多"985""211"院校的优秀学生，其中大部分学生成绩优异、做过学生干部、上学期间在大型公司实习过。尽管小 A 精心准备，面试官提出的问题还是有些超出自己的想象，小 A 不卑不亢地回答了问题，对自己不熟悉的问题，她流畅地表达了自己的观点，同时也客观地表达了自己在这方面知识上的欠缺。面试结束后，小 A 觉得自己肯定不会成功，她认为其他名校的学生应该能回答得更好。

果然，两天后，小 A 接到了该公司人力资源部经理的电话。电话里，经理很遗憾地告诉小 A，她面试没有通过。小 A 很坦然地接受了这个结果，并对经理亲自打电话告知结果表示感谢。经理停顿了一下说："你其他方面都挺优秀的，就是面试时问题回答得不太好。"小 A 很欣然地回答："谢谢贵公司对我的肯定，也非常感谢贵公司面试时的问题，让我看到了自己思维模式的局限性，这对我做这个行业的帮助很大。非常感谢贵公司给我的这次应聘机会。"挂掉电话后，小 A 积极地投入到了找工作的大军中。

一个星期后，小 A 接到了那家大型公司发来的接收函。

原来，那天进入面试环节的所有应聘者都接到了人力资源部经理"面试不通过"的电话，有的应聘者很沮丧地挂了电话，有的在接到电话后简单地回答了"哦，知道了"就挂了电话，只有小 A 态度诚恳地表达了对该公司和人力资源部经理的谢意，而且客观地表达了自己对面试环节的看法。她通过了该公司最后一个环节的"面试"——尊重。

客观地认识自己,是对自己的尊重;善意地对待别人,哪怕是不同的意见、看法,是对别人的尊重。只有心存尊敬的人,才能尊重工作、尊重员工、尊重客户、尊重对手,走得更高、更远。同时,尊重他人的人能被更多人记住,也能获得更多的帮助。

六、言行适宜地表达不同意见

说服别人,赢得认同并不是神秘的天赋。只要观点正确,在交谈的过程中使用一些社会交往的心理技巧,增加自己的说服力并不是一件难事。

(一)说服对方,只需要一个让人信服的理由

很多时候,占据道理的一方在没有证据的情况下并不能说服别人。在生活中,很多人喜欢为自己找很多的理由,但并不是理由越多越好,针对某个论点,提出的支持论据越多,每个论据的价值就会越小。在说服别人的过程中,最好是给对方一个"好""准"的理由,这样才能增加你的说服力。

在表达不同意见的时候,切忌得理不饶人。要用温和的方式说服对方,从他人角度出发,合理让步,适当时候以退为进,引导对方朝着自己的方向去走。

越有分歧,越要增加交流次数。生活中我们常会发现,那些有着良好说服影响力的人,往往善于制造与谈话对象相互接触的机会,其目的就是增加自己的曝光率,从而达到吸引和说服对方的目的。人与人之间交流的次数越多,就会越来越熟悉,说服力也就越强。

如果实在无法沟通一致,表达拒绝时不要全盘否定,要对事不

对人,在认同中提出拒绝;如果条件允许,采用幽默式拒绝的方法,不要让拒绝成为"绝交"。

(二) 如何准确地表达不同意见

1. 表达异议前应认真倾听对方的观点

当一个人对对方的观点持有不同看法时,请不要在对方发表言论期间争抢发言;相反,要鼓励对方把他们的想法充分地表达出来。这是因为,倾听是尊重对方的表现,如果执意地插入与对方争论,那么难免会引起对方的反感情绪,使两个人陷入紧张的关系中。因此,学会倾听是表达不同意见的前提。

2. 表达异议时应根据不同的目的选择不同的表达方式

(1) 希望与对方达成一致意见

A:"最近新闻常说网络诈骗,看来不能在网上使用信用卡。"

B:"我知道你是怎么想的。当我第一次在网上使用信用卡的时候,我也觉得很紧张。但当我发现其实那比把信用卡交给服务员更安全时,我就敢放心使用了。"

从上面的例子可以看出,B 提出的不同意见不仅不会引起他们之间的不愉快,而且还能引导 A 对他的话进行思考,增强了双方观点达成一致的可能性。

这种方法在沟通学上被称为"感觉—感受—发现"法则,具体就是:当持有不同意见时,先承认对方的感受,然后解释自己过去那样做时曾有过的感受,接着再解释从中发现的东西。依据此法则,当一个人想要表达不同意见时,可以先找出对方观点中值得肯定的地方,并将他们表达出来,然后再逐步引导。

类似作用的言辞如下:

> 也许是这样。我的感觉是……
> 你是对的。我的想法是……
> 那是一个很有趣的观点。如果……会怎样?

(2) 攻击对方的观点

先来看一组言辞:

> 让我们寻求一种对双方来说都可以接受的看待问题的方法。
> 那是一个很有趣的观点。

如果你的目的是攻击对方的观点,那么就无须采用上述这类寻求一致的表达方法。因为言辞必须支持人最终的表现行为,否则会失去别人的信任,造成彼此之间的不愉快。

适用于攻击对方观点的言辞有:

> 我有不同的看法。
> 我有证据可以重新定义你的看法。

(3) 表达异议时内容要充分、具体

我们来看看两组交流的内容如下:

A:"我们选择这个卖主吧,毕竟交易过几次了。"

B："我们不应该选择这个卖主了。"

A："我们选择这个卖主吧,毕竟交易过几次了。"

B："这个卖主不是我们最好的选择,因为他曾经有过延迟出货的情况,同时还要收取许多杂费。"

对比两组对话,可以看出,下组对话比上组更有说服力。因为B在下组的回答中阐述了充分的理由,为A提供了理性思考的空间,从而更好地促进交流。因此,表达不同意见时,需要提供充分、具体的缘由。

(4) 表达异议时言辞要简练

没有人喜欢被说教,越夸夸其谈就越容易引起对方的反感。所以,在表达不同意见时,不要啰唆,尽可能使用简洁的语言。例如,在不同意某人的观点时,你说:

你的建议可能不太合理,因为从现如今的政策和具体的操作方面来看,有以下几个问题:(1)……(2)……;而且上个星期四出版的新闻报告中也曾提到……

显然,上述的表达难免引起对方反感,但如果将其适当缩减,那么效果就会不一样:

你提出了一些很好的观点,但其中有些政策指导和操作方面的因素,我们需要进一步考虑。

这样的言辞就可以恰到好处地表达你自己的观点,同时又不会引起对方的反感,从而使对方关注你提出的问题,并且进行更加深入的交谈。

（5）当对比较主观的问题表达异议时，不要将其归为某一准则

例如，如果不喜欢某个同事的香水，你说：

涂香水的人应该考虑下别人的感受。

这样的表达很可能会引起两人之间的争辩，因为对方可能不会同意说话人的判断标准。但如果说：

我对你的香水味很敏感。

那么，这样的言辞听起来就不会让人觉得自以为是，并且也不会对说话人的偏好有争议，从而更加有效地表达自己的不同意见。

七、不做不好的谈话者

在实际生活中，总有一些人，大家都不愿意和他们交流，即便有迫不得已的谈话也会很快结束。这样的人被称为"不好的谈话者"。"不好的谈话者"大体有以下表现：插嘴插舌；心不在焉；轻视他人；说话啰唆；性格暴躁易怒；言而不实；自作聪明；喜欢说教；大言不惭；喜欢辩论；出言俚俗；有偏见；空谈；别有用心；喜欢说下流话；执迷不悟；小题大做；自说自话。

而受欢迎的谈话者，一般具有以下特点：有丰富的知识；善解人意；富有幽默感和喜剧感；性情平和；精神良好而愉快；胸襟宽大；有恻隐之心。在日常生活中，如果希望受到别人的关注、在谈

话中有存在感,不妨从做受欢迎的谈话者开始。

八、说服的技巧

在说服别人的时候,要运用一定的技巧。如,指责对方的话要适度,绵绵不绝的指责或被隐藏的指责,更容易激起对方的反击;以自责的方式启发对方将心比心;以退为进使对方疏于防范;把责备隐藏在玩笑后面;适度温雅可以化敌为友;说服别人时自己要态度谦逊;触发对方的恻隐之心;诱导对方频频认同;循序渐进,欲速则不达;指点迷津,当断则断;让对方无法说不;一次不行二三次。

九、注意沟通距离

想要营造良好的沟通氛围,还要根据双方关系的远近来选择舒适的距离。沟通距离分为以下 4 种:

第一种是亲密距离,一般是 0~0.3 米,适用于恋人、亲人、父母、儿女之间;

第二种是朋友距离,一般是 0.3~0.8 米,适用于比较好的朋友之间;

第三种是社交距离,一般在 0.8~1.2 米之间;

第四种是公众距离,一般在 1.2 米以外。

在正常的社会交往中,人与人交谈的最佳距离是 1 米左右,这也是一般人的安全心理距离。如果不注意空间上的距离,往往会给对方带来不愉快的体验,也会给沟通带来麻烦。同时,距离的范围是有弹性的,会随着周围情景的变化而改变。例如,在公交车上,当乘客数量很少的时候,男士就不能站在女士的身边,否则可能会被认为是小偷或者是色狼；如果车上乘客很多，这个距离就可以大大缩短。

在管理者的日常工作中，经常会有批评下属的情景发生，下面这位管理者就很懂得批评之道。

一天，这位管理者把下属叫进办公室，让下属坐在他对面的比较矮的椅子上，而自己坐在大办公桌后的座椅上——这种居高临下的氛围立刻就会给下属带来压力，有利于管理者更好地批评下属的错误和缺点。一顿批评后，下属已经汗流浃背了，此时管理者从座椅上站起来，走向办公室的沙发，然后招呼下属也坐过来。这时，空间距离带来的压力感就减小了，下属的心情也不那么紧张了，之后这位管理者又对下属说了一些鼓励的话，下属感觉特别亲切。

第四节　善用工具

一、打电话有玄机

在通讯发达的今天，打电话看起来非常简单，其实不然，接、打电话都有很多的学问。

（一）打电话的时间

打电话时，总体上要避开上午7点之前、晚上10点以后的时间，还应避开用餐时间；若有午休习惯的人，也不要用电话打扰他。

大学生在与老师联系的时候,有时不注意,会根据自己的上课、作息时间来打电话,往往会选择中午 12 点钟、晚上 10 点钟等时间点,即使此时老师没有休息,但这些时间段的电话,一般会被认为有什么急事,如果没有特殊的事情,不要在这些时间段打电话。

(二) 接、打电话的情绪、语调

接、打电话时要保持良好的心情,这样即使对方看不见人,也会被欢快的语调所感染,给对方留下极佳的印象。同时,由于面部表情会影响声音的变化,所以即使在电话中,也要抱着"对方在看着我"的心态去应对。

大学毕业生小 B 去参加某知名航空公司的招聘,来应聘的毕业生有很多,小 B 没有任何背景,长相也不是十分漂亮,结果她被录取了。什么原因呢?原来是因为小 B 说话的时候脸上总挂着微笑,语调轻快,感染力强。

面试过程中,主试官总是故意地把身体转过去背对着她,这可不是这位主试官不懂礼貌,而是在体会应聘者的表情、语气、语调,因为小 B 的工作和电话有关,主要是关于预约、取消、更换或确定飞机航班的事情。

主试官在告知小 B 面试结果时,微笑着对小 B 说:"你被录用了,你最大的资本就是能让人通过电话感受到你的微笑以及好心情,你要在将来的工作中充分地运用它,让每一位顾客都能从电话中体会到你的微笑和好心情。"

（三）积极倾听电话内容

听也是一门技术，在接听电话的过程中，要注意如下几点：

1. 在接听电话时，不要轻易地打断对方，我们无法看到对方的身体语言，这就需要从对方完整的叙述中接收到相对准确的信息。

2. 专心接听，不做无关的事情。接电话时注意力转移，很容易漏掉一些信息，而这些信息很可能是关键信息；同时，对方也能从你的对答中感知到你的"一心二用"。

3. 语言表达要清楚。通话过程中尽量做到简单明了，尽快切入主题，将语意表达清楚；说话时含含糊糊、口齿不清，很容易让通话对象感到不耐烦，尤其需要注意的是，不要在通话的时候，嘴里含着食物或其他东西。

4. 边听边记留取关键信息。在接听电话时，要准备好纸和笔，当对方提供的信息比较重要时，迅速地记下来，并重复关键信息以防出错；必要时，还应在打电话之前，把要说的内容列出提纲，以免交谈时有所遗漏。

（四）使用合适的电话用语

1. 别人正忙时，要询问方便接听的时间，以便下次去电。

2. 通话效果不好时，要及时地表达出来："抱歉，我现在电话信号不太好，我先挂电话，一会儿再打给您好吗？"而不要在听不清对方问题时才表示信号不好，容易给人以"故意"的嫌疑。

3. 常将"请""谢谢""对不起"挂在嘴边。

4. 常说"您"而不是"你"，多说"我们""咱们"而不是"我"。

（五）挂断电话有技巧

通话结束时，要恭候对方先挂电话，方可挂断电话。

二、电话面试找技巧

当 HR（人力资源）面对较多简历无法一一进行面试的时候，会先通过电话面试来筛选应聘者。电话面试短则 5 分钟，长的会有 20～30 分钟，主要取决于 HR 对应聘者的判断。作为应聘者，突然接到电话面试应如何应对呢？

（一）主动选择通话时间

接到电话时应聘者可能在任何地方，如街道、商场、公共汽车站等等，这些地方声音嘈杂，不利于沟通，此时，应聘者可以主动要求另约时间再联系，如说："对不起，我正有事，目前的环境比较吵，是否可以半个小时之后我给您回电话？" HR 一般都会答应这样的请求。这样，应聘者主动留下 HR 的电话号码，等到了约定的时间再回复。

（二）主动选择通话地点

主动选择可以安静地坐下来、拿着纸笔进行记录的地点进行电话面试。安静的环境能保证双方都能听清楚，不会有漏听或误听；用纸笔对问题的要点进行记录，也可以适当地记录回答的要点。

（三）坐直身体，面带微笑地回答问题

不要以为是电话面试，就可以斜在沙发上、跷着腿回答问题，

相信自己的表情一定会被 HR "看到",因此要用重视、严谨的态度来对待电话面试;也不能一边使用电脑浏览网页,一边进行电话面试,这样的回答心不在焉,效果可想而知。

(四)接听电话时要用"你好""谢谢"等礼貌用语

应聘者在接听电话时绝不能说"喂",这样 HR 对你的印象就会大打折扣了,因为礼貌用语也是职业化的一种表现。

(五)拿着准备好的简历

电话面试的时候,只能凭着声音对对方进行判断,因此,应聘者在回答问题的时候要冷静、干脆,手中拿着简历,回答时就会更加肯定;同时,拿着简历进行自我介绍既有条理,也不会遗漏要点。

(六)准备好计算器、工具书,还可以准备一杯水

如果 HR 问到一些技术性的问题,有这些工具可以帮助应聘者快速、利落地回答,能够突出专业能力;喝水不仅能帮助润喉,还是镇静情绪的好方法。

(七)电话面试时,语速不必太快

电话面试时,对方无论是语速很快还是不紧不慢,应聘者的回答语速都不必太快,主要应做到口齿清晰、语调轻松自然。应聘者如果太紧张,可适当地用深呼吸来进行情绪调节,使自己放松下来,冷静、自信是电话面试的成功关键之一。

(八)如实地回答问题

在回答问题时,要如实回答,如果觉得说得不好,可以再重复总结一次。在总结的时候,以 1、2、3 这样的要点形式来陈述。如,

对方让应聘者进行自我介绍,恰巧应聘者没有拿着简历,感觉自己回答得不够完美,可以再进行总结:"总之,我的优势主要是:1. 在相关行业的同类岗位上有 3 年的工作经验;2. 在大学期间,我就一直关注着这个领域;3. 我认为自己具备岗位要求的责任心与沟通能力。"这个补充的总结会给 HR 留下条理清楚、自信的印象。

(九) 询问 HR 问题

电话面试的双方是对等的,HR 在问了问题之后,也会反问应聘者是否有什么需要了解的情况。如果没有问题可问,显得不太关心这个职位;问得太多也不是好的表现。此时,应聘者可以询问招聘的下一步流程、面试时间、岗位期望的上岗时间等;最好不问薪酬,在双方的合作意向还没有进入实质性阶段时,问薪酬显得过于功利。

(十) 电话面试结束时,要感谢对方

电话面试结束时,要感谢对方的来电,感谢对方的认可,并且表达进一步合作的意愿。可以这么说:"感谢您的来电,谢谢您对我的认可,我希望能有机会与您面谈,您有任何问题请随时来电话。"如果对方直接约定面试,一定要拿笔记下时间、地点,进一步确认信息,并且保证准时参加面试。

最后,需要提醒的是,在整个电话面试的过程中,保持自信,语速合适,态度表现职业化,无疑是成功的关键。

三、书面交流更谨慎

在当今这个移动互联网时代,智能手机、电子邮件、社交网络

已经成了很多人的标配。人们通过智能手机回复邮件;通过短信、微信回复别人的信息;通过社交网络了解别人的观点,人与人之间的交流更为便捷了,然而,方便并不等同于有效。人际沟通中只有7%的信息是靠有声语言传递的,其他则更多的是通过我们的语音、语调以及肢体语言来完成的。而在电子邮件、短信及社交网络中,我们能够利用的就只有那7%。

(一)电子邮件沟通技巧

电子邮件的优势在于:用更少的时间保持和他人的联系;不受时、空限制;传递瞬间完成,能够覆盖到世界的各个角落;内容使用方便,收件人如果需要在其他地方使用电子邮件中的内容,只需进行复制、粘贴;发件人能准确地表达出自己的思想和感受;日常生活中不经常接触到的人,通过电子邮件可以直接与其取得联系。

电子邮件的劣势也是显而易见的,人们无法看到对方的面部表情、肢体语言,听不到对方的语音语调,而这些信息占据了整个交流中所提供信息的93%;只看到对方所写的文字,因个人理解不同,很容易误解对方的意思;因为方便快捷,人们很可能过于依赖电子邮件,忽视了面对面的交谈;写作时,存在弄虚作假的情况,电子邮件在一定程度上没有表达准确的信息;在电子邮件中随意书写的内容可能是永久性的,可能会被广泛传播。

使用电子邮件交流时,需要注意哪些问题呢?

1. 邮件内容尽可能简洁。在标题或正文的第一句话中写清楚目的,以免对方花费大量时间才能找到关键信息。

2. 面对面不愿意说出的话,网络中也不要说。

3. 尽可能仔细地检查和编辑你的文本。电子邮件中,能够给对方留下印象的只有文字,面部表情、肢体语言都帮不上忙,一点击"发送",就没有机会收回了。

4. 慎用缩写。虽然在邮件中使用缩略词、缩写是常见的,但如果不是通用的缩写或收件人完全不理解你的缩写就麻烦了。

5. 不要转发笑话或故事,除非你确定对方想收到这些。如果需要转发,也要视情况而定,可以适当地附上自己的观点或评论。

6. 商务信函和私人信函一定要分清。在没有和收信人建立友谊之前,商务信函一定不能过于随意,不同的人喜欢不同的风格,发信之前尽量了解他人的性格,以作为和他们沟通的基础。

7. 群发邮件的时候,要确保已经隐藏了第三方的地址。否则,每一位收件人都可以看到其他人及他们的邮箱地址了,这种行为无疑是不礼貌、失信的。

8. 不要让网络交流取代面对面的交流。

(二)发短信有礼仪

1. 哪些场合发短信比打电话更合适?

与人说事,打电话与发短信、发微信,哪种才是最佳的沟通渠道?或许这是每个人都曾遇到过的问题。电话通了就得开口表达,有时候会不好意思,有时候则会不知所措,发短信就免去了这些烦恼。

在职场中,有几种情况,发短信会是更好的方式。

(1)给领导报告情况时

有事情要向领导报告或请示,少电话多短信总是没错的。如果用简单的文字可以表达清楚,尽量编辑清晰的简要短信发给领导,这样的好处很明显:不打扰对方,不会打断领导正在进行的工作;领导可以在方便的时候查看短信,而不会占用太多时间;如果忘记内容还可以随时查阅短信,比如会议的时间、地点等。

如果需要汇报的事情实在太复杂，必须电话沟通，可以先发条短信与其联系，比如："有事请示，是否方便给您打电话？"如果对方没有回复短信，那一定是不方便，通常过段时间再以短信提醒；如果对方告知有时间，或对方打过来电话，就可以马上通话了。

（2）非工作时间沟通工作时

每当在非工作时间接到和工作有关的电话，尤其是不太紧要的事情，总会觉得自己的私人生活受到了打扰。不熟悉的人在自己休息或下班时间肆无忌惮地打来电话，是非常让人讨厌的一件事。如果不是特别要紧的事，在非工作时间用短信的方式联系，更能体现出对他人的尊重和理解，如果对方方便打电话，他会很快回复你的。

（3）反复提醒对方时

如果事先已经与对方约好参加某个会议或活动，为了防止对方忘记，最好事先再提醒一下。提醒时适宜用短信而不要直接拨打电话，直接打电话似乎有不信任对方之嫌，短信就显得非正式、亲切得多，既达到提醒的目的，又不失分寸。

（4）赞美他人时

人人都有羞耻之心，煽情、拜托别人的时候不好意思、结结巴巴是人之常情。特别是对于脸皮比较薄的人，做这样的事尤其困难。而编写短信，可以慢慢地酝酿情绪："您对我的帮助太大，简直就是我的支柱和灯塔！"这种煽情的话面对面时很难说得出口，但写在短信里只能说是稀松平常。如果你是一个脸皮薄的人，试试拿起手机发短信吧。

2. 短信怎么发？

（1）工作短信、祝福短信一定要署名

短信署名既是对对方的尊重，也是达到目的的必要手段。教师节,老师收到了很多学生发来的祝福短信,其中有大部分没有署名,好多内容还非常相似,老师们也搞不清楚这些人都是谁和谁,这种祝福发了等于没发,如果是正事,不署名更会耽误事。

(2) 及时删除不希望被别人看到的短信

特别私密的短信要及时删除,防止有人误看或手机丢失,引起不必要的麻烦。

(3) 上课、上班时间不要没完没了地发短信

上课、上班时间大家都有事要忙,都要集中精力,不是重要的短信尽量不要没完没了地发,既影响别人又会让对方觉得你没事可做。

(4) 使用正确的文字和符号

有的人在发短信时不注意文字和符号,出现错别字或用错标点符号的现象。如果文字、符号用错,表达的意思可能就是截然相反的。

(5) 回复时间很重要

收到短信尽量及时回复。如果因为各种原因不能马上回复,在回短信时要说明原因,比如"对不起,白天手机没电了……""对不起,刚才在上课……""对不起,刚才在考试……";最忌讳的就是隔了很久才回复,而且态度、语气还很冷淡,比如,隔了两个小时才回复一个"哦"。

纷吾既有此内美兮,又重之以修能。①

第六章　个人修养与情商提升

情商已在各个领域得到充分的应用,并取得了巨大的成果。在提升自身情商的过程中,更重要的是自身的内外兼修,没有内涵的高情商,往往给人圆滑的感觉。

第一节　做好"包装",塑造良好形象

一、关注外在

《三国演义》中关于诸葛亮的描写:"身长八尺,面如冠玉,头戴纶巾,身披鹤氅,飘飘然有神仙之概。"寥寥数笔外貌描写,一位面貌俊朗、超尘脱俗的诸葛亮就浮现在读者的脑海中。许多人说,看人是看内在的,外在不重要,但不可否认的是,只有先接受别人的外表,才会去了解他的内在。现实生活中,很多人打着"追求内在美"的旗号,不修边幅,邋里邋遢,如果亲密的朋友善意地提醒

---

① 屈原:《离骚》。

他,还觉得别人太注重外表。

"人靠衣装马靠鞍",一个人的外在形象直接影响着别人对他(她)的看法。穿着气派、整洁、干净,无形中就抬高了自己的身份,别人就容易答应你的要求;衣着寒酸,有时甚至不够整洁干净,别人对你的重视程度就会降低,就可能一口回绝你的请求。

一个人的外貌对于人本身的确会有影响,穿着得体的人更容易给他人留下好的印象,它等于告诉大家:"这是一个重要的人物,聪明、自律、成功、可靠,值得大家尊敬、仰慕、给以信赖。"反之,一个穿着邋遢的人就会给人留下相反的印象,它等于告诉大家:"这是个没有什么作为的人,他低效、不重要,只是一个普通人,他习惯不被重视。"

面容方面,疲倦、憔悴或没刮干净的胡须都会给自己带来负面影响;头发太长或凌乱不堪,尺寸不合的衬衫或土里土气的衣着打扮,足以损害一个人的形象。

穿着、打扮也要符合自己的身份,不合身份的穿着也会给他人留下不好的印象。如果一位学生开着名牌汽车,或者使用价格昂贵的随身物品,难免让人觉得轻浮、不庄重,不合身份的举动极易令人有不舒服的感觉。体型臃肿、衣着缺乏品味和姿势不雅等,同样是造成负面形象的重要因素,除了经常检查自己的仪表外还要注重整体的协调感。

如果是在职场,作为一个上班族,每天早上都要注意一下自己的状态是精力充沛还是宿醉未醒,还要随身携带一面小镜子,在与人见面、沟通之前,看一下自己的头发是否凌乱、妆容是否花了、精神状态是否良好、笑容是否自然,是不是保持充沛的活力。

美国有许多大公司对雇员的衣着都有一定的"规格"要求,这种规格不是指要穿得怎么好看,而是重视人们的观感。有一本书叫《应酬之道》，书中提出，在与人见面前衣饰应注意以下事项：

鞋擦过了没有？

裤管有没有痕？

衬衣的扣子扣好了没有？

胡须刮了没有？

头发梳好了没有？

衣服的皱褶是否注意到？

乍一听似乎可笑，事实上，这些小打扮关系到能否给人留下良好的印象，整洁的着装总会给人一种信赖感。

二、注意仪态

达·芬奇曾经说过："从仪态知觉人的内心世界，把握人的本来面目，往往具有相当的准确性和可靠性。"用优美的体态表达礼仪，比语言更让对方感到真实、美好和生动。由此看来，拥有优美的体态，对每个人来说都具有非同寻常的意义。很多人认为，生活就是图个自在、随性，如此严格的要求，就如同上了一道牢固的枷锁，动弹不得。实际上，优美的体态与自在的生活并不矛盾，二者可以很好地兼容。体姿，包括人的站姿、走姿、坐姿、手势及表情等。除了用语言来表达感情外，人们也常用体态来表达内心活动。体态语言的信息负载量常常大于有声语言，而且很可能比有声语言更真实。

生活中常常可以看到一些人站在那里浑身抖动、摇头晃脑、耸肩、哈腰、手绕来绕去无处安放；坐在那里的时候，腿不停地抖动，脚尖点地敲来敲去，手摸摸鼻子、耳朵、头发，或者玩弄打火机、香烟盒、笔等，这些小动作可能会让旁边的人感到不舒服。

在"007"系列影片中，主人公詹姆斯·邦德总是给人一种风度翩翩的绅士印象，这不仅与他英俊的外表、神秘危险的工作有关，还与他时时刻刻都表现出的良好体态有关；不论何时何地，呈现在观众面前的始终是一个英俊、挺拔、干练的绅士形象。即使是在走路，詹姆斯·邦德也是上身挺拔，双目平视前方，表情自然，精神饱满，给人一种积极向上、朝气蓬勃的印象。

站立时，我们要求：从正面来看，身形应该保持正直，头颈、身躯和双腿与地面垂直，两肩平衡，两臂和手要在身体两侧下垂，眼睛平视，嘴略闭，面带微笑；从侧面看，下颌稍收，眼要平视前方，胸部稍微挺起，收拢小腹，整个形体就会显得平稳、庄重、自信且有力度。在日常生活中的各个场合，站姿应根据时间、地点的变化而有所改变。不论哪种站姿，只需改变脚部姿势或角度，身体保持挺直，就能显得自然轻松、优美得体。

坐姿是一种静态身体造型，端庄优雅的坐姿，不仅能给人稳重沉着的感觉，而且能够体现自己的风度与气质。古人所讲"坐如钟"，意思是坐着要稳重不动，像钟一样，姿势要端正优美。坐姿的基本要求是端庄、大方、文雅、得体，即上体正直，头部端正，双目平视，两肩齐平，下颌略微收缩，双手搭放自然。女士还要谨记"坐莫动膝，立莫摇裙"。

三、让表情传情达意

法国著名作家罗曼·罗兰曾经说过："面部表情是多少世纪培养成功的语言，是比嘴里讲的更复杂千万倍的语言。"表情会随着人们心情的不同而发生微妙的变化。美国心理学家艾帕尔·梅拉比在实验的基础上于1968年提出了一个公式：一个信息的传达＝7％的语言＋38％的语音＋55％的表情。可见表情在传达内心感受和信息的过程中占有举足轻重的地位。

头部动作的不同，也可以反映人的不同心态。身体直立、头部端正：表示自信和庄重；头部前倾：表示认真倾听，同情和关心；头部倾斜：表示对对方的话颇感兴趣。

面部表情是一个人内心情绪的外在表现，常常能体现一个人的个性和此时此刻的心情。喜、怒、哀、乐、忧、思、悲、惊等，都能够通过人的面部表情传达出来。

眼睛是心灵的窗户，目光可以表现出对他人的友好、亲切、关爱，也可以表现出对他人的不满、蔑视、仇恨。在与他人交流的过程中，应当直视、平视、凝视或正视对方。目光注视对方的时间长短也有一番讲究，可以根据彼此的亲疏远近以及自己的重视程度来决定具体时间。注视对方时，目光应是自然、稳重、柔和的，不能死死地盯着对方的某一部位，或不停地在对方身上"扫射"。

在交流过程中，"微笑"是屡试不爽的工具，没有人能拒绝另一个人善意的微笑。青年朋友中有一部分人认为面无表情、沉默寡言是一种"帅"的表现，还有些人总是一副心事重重的样子，在他们的脸上笑容很是难得。要学会微笑，即使心中不悦，也不能吝啬自己的笑容，更不能因为自己心情不佳而破坏了整个气氛。

四、谈吐适宜

朱自清先生说过："人生不外言动，除了动就只有言，所谓人情世故，一半儿是在说话里。"谈吐优雅是良好沟通的第一步。

几位年轻的员工去慰问一位退休工人，见面以后问道："您老身子骨真够硬朗，今年高寿？"

老工人回答道:"79岁了。"

"人生七十古来稀,厂里数您最长寿吧?"

"哪里,老张活了84岁呢!"

"那您老也称得上长寿将军呢。"

"不过,老张去年驾鹤西去了。"

"哦,这回可轮到您了。"其中一位员工说道。

谈兴正浓的老工人脸色突变。老人刚说到老张逝世的事,他却接下去说"轮到您了",这不就使老人产生误会了吗?如果这人谈吐适宜,不触及老人忌讳,而将话说成"这回长寿冠军可轮到您了",也就不会出现不愉快了。

善于说话的人,不但能使不相识的人对他产生良好的印象,而且能广结人缘,处处受欢迎。很多人把"说话直"当成自己的优点,常常因为自己说话不讲究方法触犯了沟通的忌讳,反而觉得别人太斤斤计较。高情商的人往往"三思"而后言,将自己的意思用文雅、优美的语言表达出来,顾忌到别人的情绪,让沟通在愉悦的氛围中进行,不知不觉实现沟通的目的。

第二节 自信、自省、自助,独具魅力

一、自信,平凡不平庸

"天生我材必有用,千金散尽还复来",诗人豪迈的自信,穿越千年,依然令人振奋;"老当益壮,宁移白首之心?穷且益坚,不坠青云之志",伴随你走出困境的,就是自信。

古往今来,"自信"一直是伴随着成功人士的一支强心剂。在

艰苦的战争岁月里,"自信人生二百年,会当击流三千里"的自信,陪伴毛泽东取得最终的胜利;"直将云梦吞如芥,不信君山铲不平",激励着曾国藩开创了一番基业;"老骥伏枥,志在千里;烈士暮年,壮心不已"的曹操,在乱世中拼出了帝业根基。

珍妮是个总爱低着头的小女孩,她一直觉得自己长得不够漂亮。有一天,她到饰物品店买了一只绿色蝴蝶结,店主不断赞美她戴上蝴蝶结很漂亮,珍妮虽不信,但是挺高兴,不由得昂起了头,急于让大家看看,出门时与人撞了一下都没在意。珍妮走进教室,迎面碰上了她的老师,"珍妮,你昂起头来真美!"老师爱抚地拍拍她的肩说。

那一天,她得到了许多人的赞美。她想一定是蝴蝶结的功劳,可往镜前一照,头上根本就没有蝴蝶结,一定是出饰物店时与人一碰弄丢了。

自信原本就是一种美丽,而许多人却因为太在意外表而失去很多快乐。

一位心理学家曾做过这样一个实验:他将一只饥饿的狗放在木板围成的通道中,狗为了觅食不断地向上蹿、向上跳,企图翻过木板。但每当狗向上跳时,就会受到一次电击的惩罚,开始时受饥饿的驱使,狗仍然向上蹿跳,但次数越来越少。经过反复几次惩罚,狗就完全放弃跳出去的希望,再也不往上蹿跳了。

心理学家把这种现象称为"习得性无力感",一个人自信心的丧失与这个实验的过程有相似之处。没有哪一个人生来就缺乏自信心,以学生为例,天生对学习不感兴趣、没有信心的学生是不存在的。学习上的"无力感""无奈感"是由多次学习失败的挫折积累造成的,若考试成绩一连几次不理想,自信心便一次次被腐蚀,甚至再也燃不起努力进取的热情,"学习无力感"便形成了。而"学习无力感"形成的原因则是多次失败后不注意总结经验,从而丧失信心,错失了一次次能成功的机会,最后只好放弃。在下一次挑战来临的时候,首先想到"我做不好"这个消极念头,大脑活动的主动性、积极性被抑制,连尝试一下的勇气都没了,更谈不上探索和创新了。一个人的成就绝不会超过他的自信心所达到的高度。拥有坚强的自信,便是成功的源泉;拥有自信,便能创造奇迹。

海伦·凯勒出生18个月后,就因病变成了又聋又哑的孩子。但是,她依靠"信心"这个命运的主宰,在经过艰辛的努力之后,成了一名闻名世界的女教育家、作家,她的体会是:"对于凌驾命运之神的人,信心是命运的主人。"

过去的经历共同形成了今天的自己,自卑、无力感、自信、成就感,都会在我们身上留下痕迹。很多大学生在4年的大学时间里都没有打破"自卑""无力感"等心理状态给自己带来的困扰,跟老师、同学说话,还是会很小声、脸红,不敢表达自己的意见,甚至觉得自己没有一点优点。

大学生如何打破"无力感"、重塑自信呢?

从"小"事做起,积累小成就,由小到大地加深。我们不妨在日常的学习、生活中从以下几方面做起。

(一)挑前面的位置坐

在室内的各种活动中,后排的座位总是先被占满,为什么会这样?大部分占据后排座位的人,多是希望自己不会"太显眼",这是缺乏自信的表现。

（二）练习正视别人

不正视别人的人,通常在他人面前感到自卑。正视别人等于告诉对方:我很诚实,光明正大。

（三）将走路的速度提高1/4

改变走路的速度,可以改变心理状态:我要到一个很重要的地方去,去做重要的事情。

（四）练习当众发言

不敢当众发言的人,通常是担心在公众面前出丑,这也是缺乏自信的表现。

（五）开怀大笑

笑是医治信心不足的"良药",在不自信的情绪到来时,不妨试着笑一笑。

（六）怯场时,不妨说出真情

当怯场时,不妨说出真情,也能很快地平静下来,有时候,不安的情绪藏在心中,反而会觉得更加不安。此时,若是能将不安的情绪倾诉出来,获得别人的谅解,将有助于减轻自己的心理负担,同时增强自信心。

（七）用肯定的语气来消除自卑感

不同的叙述方式会产生不同的心理感受,多用肯定的语气,就在无形中肯定了自我,增强了自信心。

（八）做自己能做的事

只有做自己能做的事，才能更容易获得成功，必然会增强自信心；反之，经常做自己能力之外的事，失败的可能性就会很大，一旦失败，自信心就会受到严重打击。

二、自省，每天进步一点点

《论语》中，《学而》篇，曾子曰："吾日三省吾身：为人谋而不忠乎？与朋友交而不信乎？传不习乎？"《里仁》篇，子曰："见贤思齐焉，见不贤而内自省也。"都揭示了自省对人的重要性。每个人都存在个性、行为上的缺陷、智慧的不足，而年轻人更是缺乏社会磨炼，常会说错话、做错事、得罪人。虽然有时候犯错时会有旁人提醒，但绝大多数人在他人做错事、说错话、得罪人时都会"袖手旁观"。因此，大学生必须通过自省才能了解自己的所作所为，从而才能进步、提高。

一位哈佛大学的教授曾经说："如果我对一件事情的处理方法不奏效，那么我相信我必定有许多东西还未学会。可能我需要求助于别人，或是事情的后续发展会告诉我如何解决。不论如何，我首先得肯承认自己的错误，然后才能找到答案。"

曾有人向哈佛大学的鲁恩教授抱怨说："我每天都在拼命地工作，我一刻也没有闲过，可为什么总是不能成功？"教授想了想，告诉他，正如成功多是内因起作用一样，失败多半是自己的缺点造成的。一个人必须懂得不断反省和改正，才不会老在原处打转或再次被同一块石头绊倒。人只有通过不断地"自省"，时时检讨自己，才可以走出失败的怪圈，走向成功的彼岸。

古往今来,成功的人无不是经常自省的人。扬人责己,是曹操的一贯作风,汉献帝建安十二年,曹操北征乌桓大获全胜。在回师的路上,走到冀州时,天寒地冻,荒无人烟,连续行军200里也不见滴水,军粮也所剩无几,"杀马数千匹以为粮,凿地入30余丈乃得水",甚是狼狈。回到邺城后,曹操下令彻查当初劝谏他不要征讨乌桓的人,并一一予以封赏。曹操说,我们这场胜利,完全是侥幸;诸君的劝阻,才是万全之策,因此我要感谢诸位,恳请诸位以后还是有什么说什么,该怎么讲就怎么讲,不要有什么顾虑。

那么,日常工作和生活中该自省什么呢?

(一)自省自己处理人际关系的方法

今天有没有做不利于人际关系的事?在与某人的争执中是否自身也存在不对的地方?对某人说的那句话是否得体?某人态度不友善是否有什么深层原因?

(二)自省自己做事的方法

今天所做的事,处理是否恰当?是否有不妥之处?怎样做才会更好?有没有补救措施?

(三)自省自己生命的进程

到目前为止,做了些什么事?有无进步?时间有无浪费?目标完成了多少?

善于自省的人都是高情商者,他们知道该如何审视自我,使心理更加健康完善,摆脱低级趣味,克服病态畸形,从而净化心灵。

三、自助，不要推脱失败

生活中不难发现有这种人：一旦做什么事情失败了，首先是为其失败找借口。他们抱怨周围环境太嘈杂，客观条件不够完善，实施环境不够理想，别人太势力了，甚至是老天对他们不公，才导致自己怀才不遇、遇人不淑，却从来没有试着从自身找原因。事实上，大部分的失败，都是由他们自己造成的。

李明是一家钢构设计公司的设计师，他对自己的工作很不满意。一天，他气愤地对朋友说："我的领导一点也不把我放在眼里，一点都不懂设计，整天指手画脚，总有一天我要对他拍桌子，然后辞职不干。"

朋友反问道："你对那家钢构公司完全弄清楚了吗？对于做钢构设计的方法都掌握了吗？"

"没有！"

"那我建议你好好地把他们公司的运营、设计、如何与甲方沟通完全搞清楚，甚至施工现场出现的小问题都学会如何解决，然后再拍桌子走人。"他的朋友说："你把他们公司当作免费学习的地方，什么东西都学通了之后再一走了之，不是既出了气，又有许多收获吗？"

李明觉得很有道理，便听从朋友的建议，从此默记偷学，甚至节假日也一心扑在工作上。

一年之后，那位朋友在街上偶然遇到李明，朋友问："你大概多半都学会了，可以准备拍桌子不干了吧？"

李明不好意思地说："可是最近3个月，我发现老板对我刮目相看,还让我负责一个大项目的方案设计,又升职又加薪,我已经成为公司里年轻人羡慕的对象了。"

"这是我早就料到的。"他的朋友笑着说:"当初你的老板不重视你,是因为你能力不足,却又不努力学习;而后你痛下苦功,进步神速,当然会令他对你刮目相看。"

很多大学生一毕业就想着受到公司的重视,能独立完成任务,一不如意,就觉得自己怀才不遇,跳槽,已成家常便饭。还有一些毕业生,总是找不到合适的工作,愿意接受他的公司,他觉得人家不规范、工资低、活多、没前途;他想去的公司,人家认为他工作经验不足。

相信每个人身边都会有这样的人:喜欢怨天尤人,总是唠叨这个不好、那个不好,对周围的环境感到非常不满。领导没有给他加薪,他责怪领导太抠门,不配当领导;女友和他提出分手,他逢人便说女友太势力,是嫌他穷才离开他的……这些人把失败都归结给别人,从不去找自身的原因,所以只能永远地活在无休止的抱怨与痛苦当中。反观故事里的李明,在决心先学会公司业务的过程中,潜移默化地提升了自己,从而受到了公司的重用。

想要成为高情商者,首先就得学会自助,不推脱失败,任何事情都要从自身寻找原因;还要对他人宽容,多看到他人身上的优点,并努力靠拢。只有这样才能完善自我,超越自我。

第三节　培养气场,成就格局

"三分割据纡筹策,万古云霄一羽毛。伯仲之间见伊吕,指挥若定失萧曹。"杜甫在《咏怀古迹》中虽然对诸葛亮的音容笑貌"不着一字",但读者已从诗句中感受到了诸葛亮的业绩、胸怀、气度。诸葛亮的气场,穿越千年,飘荡在每一位看到诗句的读者身边。

一、人是有气场的

有的人一出场,就给人一种如沐春风的感觉,在很短的时间内就能给人留下非常深刻的印象;有的人出现在他人面前很久,彼此之间的关系却依然没有进展;有的人会给人一种莫名其妙的力量感,自然而然地显现出一种让人敬仰、佩服的魅力;有的人不在实权位置却能一呼百应,有的人即使在实权位置却还是孤家寡人;聚会时,有的人充满吸引力,很多人都愿意跟他交朋友,而有的人只能静静地被人遗忘在角落里。

这一切现象,源于每个人不一样的气场。"气场"的概念如今已经频频出现在人们的日常言谈中,经常会听到他人说某某气场非常强大。处理事情时,同样的事,气场不同的人,结果往往不一样。人际交往中,气场强的人,能给人一种非常有力量的感觉。

气场是什么呢?如何才能拥有较强的个人气场?

其实,气场就是一个人内心力量强大、外在形象良好的综合体现。初与人接触时,人们接收到的信息是直观的、明显的,所以外在形象往往影响一个人留给他人的第一印象。但时间久了,接触久了,真正打动人心的就不再是外在形象,而是一个人的内心力量了。强大的内心力量更持久且更吸引人,当一个人从内心到外在形象都进一步提升后,他的气场就会变得强大。

气场有强弱之分,也有正负之分。同一件事,不同的人去办就会取得不同的效果。究其原因,是因为每个人的气场不一样。即便是同一个人,以不同的形象出现在他人面前时,受到的评价也不一样,原因也是因为气场的差异。拥有较强的气场,可以使人更有魅力,更容易把事情办好。

二、气场初体验

(一)气场是什么

气场,不是一个实体,但它对一个人来说非常重要,是一个人的精神名片。从心理学角度看,气场就是两个人在相互接触的过程中,一方身上的某些特质给另一方造成的某种感觉,人们身上的这种能影响到别人感觉的特质就是气场。简单来讲,气场就是人们带给他人感觉的源头。

举一些简单的例子:在一个大厅里,所有的同学都在窃窃私语,当一个气场很强的人穿过人群时,很多人都会停止交谈把目光转向他;在讨论一个活动方案时,同学们为一个问题争论不休,当气场强的同学说出自己的意见后,大家便不再争论了。

气场有很强的"个人性",每个人身上散发出来的气场都是不同的,基本上没有哪两个人会拥有完全一样的气场。气场的"个人性"可以从两个方面来理解:一是散发气场的是独特、特定的个人,每个人的能力都不一样;二是不同的人有不同的感知能力,面对同一个人,不同的人会有不一样的气场感受。

气场的"个人性"决定了影响两个人沟通的重要因素是两个人的气场"是否相融"。如果两个人的气场"不相融",那么沟通起来就很麻烦,可能会产生较多的摩擦;如果两个人气场相融,不但能彼此配合得很好,而且还会互相认同、相互吸引。

同时，气场往往会感染周围人的情绪，还会影响事态的发展。因此，那些积极向上、充满正能量的人总会吸引更多的好运到自己身边来。一个人的气场越强大，能量就会越活跃；气场越弱，就越容易分心、疲惫，更容易产生挫败感。在一个相对平等的环境中，人与人之间最大的区别就是气场。气场强的人有可能做到一呼百应，气场弱的人则不容易引起别人的注意，甚至容易受到他人的欺负。

　　三国时期，曹操统一北方之后，声威大震，很多地方势力都纷纷前来祝贺，请求归降。匈奴王派了一位使者带来很多宝物，要献给曹操，与此同时，使者还有一项任务就是观察曹操的为人到底如何，是否能担当王者，匈奴依附他是否正确。于是，使者请求谒见曹操。曹操觉得自己长得不高，又不帅，生怕镇不住匈奴的使者，让匈奴王觉得自己没有王者之相而暗怀反心。崔琰长得一表人才，他眉清目秀，器宇轩昂，曹操便想了一个计策：让自己的谋士崔琰假扮自己，坐在他的位子上接见使者，自己则假扮成侍卫侍奉在侧。谒见完毕，曹操派人去打探匈奴使者对魏王的看法，使者说："魏王很英俊，也很有风度，可是我觉得魏王旁边那个侍卫才是真正的英雄啊！"

　　这种无形的气场虽然看不见、摸不着，但是人们往往能感觉到这种力量。在生活中，有意地修炼自己的气场，也能从众人之中脱颖而出。一个气场弱的人，可能就会泯然众人，甚至受人欺负。

（二）气场的类型

　　气场一般分为4种类型，如下表所示：

		主动进攻型气场/威慑式气场	被动防御型气场/宽容式气场	潜在扭转型气场/忍耐式气场	多重混合型气场/执着式气场
不同场的显现	气型的著人的表类现	喜欢参加热闹的公众活动；做同一件事情，消耗精力大，比别人更容易疲劳；对学习和工作具有高度的热情；喜欢在众人面前高谈阔论；常常容易转移注意力，专注在一件事情上的精力不够持久，缺乏忍耐力；工作中有时会有很新奇的想法；对未知事物拥有很高的热情；对新概念容易理解，一旦理解就不会忘记；遇到可气的事情就很生气，非得一吐为快才好；和人争吵时总是先发制人，喜欢挑衅；具有开阔的眼界；羡慕那种善于克制感情的人；做事情总是保持旺盛的精力；情绪高的时候觉得干什么都有意思，情绪不佳时干什么都没劲；爱看跌宕起伏激动人心的小说或电影；希望做变化大、花样多的工作。	遇到问题时往往举棋不定，优柔寡断；遭遇危险时会产生极度恐惧感；一点小事就能引起情绪波动；喜欢阅读那些对人物内心活动和情感描写很细腻的作品；在别人眼里总是显得闷闷不乐；认准的目标一定要实现，不达目的不罢休；喜欢运动量小的体育运动或文艺活动；别人对你言语不敬，你并不介意；遇到枯燥无味的工作也不会情绪低落；喜欢一个人待着，不愿意跟很多人在一起；厌恶激烈的尖叫和危险动作；碰到陌生人觉得很拘束。	做事力求稳妥，不做无把握的事情；与人交往不卑不亢；能够长时间做枯燥、单调的工作；能够很快忘记不愉快的事情；接受任务后总希望尽快完成；能够同时注意几件事情；不喜欢长时间谈论一个话题，而愿意实际动手干；疲倦时只需短暂休息，就能重新精神抖擞地投入工作；和周围人相处得不算很融洽；喜欢安静的环境；遇到令人气愤的事情比较能克制自己的情绪。	到一个陌生的地方能很快适应环境；与人交往需要一定的时间才能融合进来；多数情况下情绪比较乐观；对有兴趣的事情干起来劲头十足，否则就不想干；讨厌做那种需要耐心和细致的工作；工作、学习的时间一长就会厌烦；完成一项工作比别人花的时间长；不愿保持现状，总希望做冒险的事；烦闷时别人很难使其高兴起来；喜欢做不麻烦的工作。

		主动进攻型气场/威慑式气场	被动防御型气场/宽容式气场	潜在扭转型气场/忍耐式气场	续表 多重混合型气场/执着式气场
不同气场类型的人适合的职业	气型合职	市场营销主管、政府官员、经济师、分析师、经理、老板、军人、主持人等。	科学技术研究、会计、化验员、雕刻、刺绣、秘书、检察员等。	自然科学研究、教育、医生、财务会计等。	采购、外交、管理人员、律师、记者、演员、侦探等。

（三）面对不同的人，呈现不同的气场

面对不同的人或事，需要的气场往往不一样。如果是求职的学生到一家公司应聘，遇到无领导小组讨论面试，他（她）需要把适合这份工作的气场表现出来；在一个活动或工作中，负责人需要在项目组成员面前展现出一个领导者应有的气场；如果是一个男孩追求一个女孩，约她与朋友一起出去玩，这个男孩最需要的是在女孩面前表现自己；如果想请人帮忙，就需要根据场景运用多种气场；如果被别人求助，宽容式的气场更能得到别人的尊敬。

此外，还要考虑自己想给别人留下什么样的印象。如果是去女朋友家见她的父母，表现得勤快、孝顺、礼貌是得体的，能给人留下好印象；如果表现得深沉、少言寡语，可能就不会留下好印象。所以，要根据对象选择气场，同一种气场风格并不适合所有场合、所有人。

（四）处于不同的位置，用合适的气场

气场一般具有一定的稳定性，人们往往散发着与自己相关的特有气场。有的人给人的感觉是干净、斯文，有的人给人的感觉是雷厉风行，而有的人则让人感到优柔寡断。不同的场合，人们需要

适当地控制自己的气场，做到收放自如。

在公司里，如果一名刚参加工作的小职员却表现出比上司还有震慑力的气场，那么通常只会引起上司的不满；在恋爱中，如果女性处处表现出比男朋友更强的气场，很少给男朋友表现的机会，就很容易引发感情冲突。不同的场合、不同的对象、不同的目的，往往意味着一个人需要表现出不同的气场。在一个以自己为中心的场合中，表现得太谦让，可能会撑不住场面，这是非常不合适的；在一个长辈云集的场合中，表现出太强大的气场，则容易引起他人的反感。气场有时就是一种人际吸引力、一种无声的权威。

（五）气场是可以相互影响的

每个人的气场都会在她（他）经常接触的对象上留下印记，不管这个对象是一个人、一个物体还是一种环境，接触得越密切、时间越久，这种印记就会越明显。例如，如果一个人经常坐在同一张椅子上，他（她）的气场就会留在这张椅子周围，它变成了这个人的椅子；如果一个人从小到大一直有自己的房间，那他（她）对这个房间的感觉一定与父母或兄弟姐妹的感觉不一样，推门进入自己的房间，就有一种舒适、放松、惬意的感觉，而推开别人的房间就没有这种感觉；在大学宿舍里，即使是几位同学同住一间宿舍、共用一个空间，坐在自己的床上、书桌旁也会有一种亲切感。

三、培养个人气场

（一）清楚自己的气质类型

人们要了解自己深层次的东西，气场往往是核心所在。一般来说,性格外向的人,假装内敛会很不自在;性格内向的人故作活泼也会很痛苦。只有了解自己的内心、气质、个性倾向是怎样的,才能知道自己的气场属于哪一种类型。

(二)了解自己的内心世界

自己是一个什么样的人?是喜欢抱怨,天天说"这不好、那不行"的人,还是凡事都积极从自己身上找原因的人?是急性子的人,还是慢性子的人?是自卑的人,还是自信的人?是容易生气的人,还是心平气和的人?是定力强的人,还是容易受外界干扰的人?

外貌给人的感觉,通常只能形成表面的气场,真正的气场是源自内心的。外表的强大,往往经受不住时间的考验;只有内心的强大,才能持久。

一个人怎样才能全面地认识自己的内心世界呢?

不妨让老师、长辈、同学、朋友、弟弟妹妹等不同类型的人对自己进行评价。评价一般包括性格倾向、生活态度、言行举止、外貌特征、优点、缺点等等。这个方法可以反映出别人眼中的你是什么样子的。

在纸上写下自己的优点、长处、拥有的资源、缺点、需要学习的地方等,和几个好朋友一起讨论自己的优缺点。这个方法可以反映出自己眼中的自己。

通过分析别人眼中的自己和自己眼中的自己,就可以全面认识自己的内心世界,知道自己气场底气的来源。

(三)熟悉自己的身体和衣着习惯

在短暂的时间内,能展现给别人的只是能看到的、具体的东西，就是自身外表的样子。所以，要对自己的声音、五官、皮肤、身体都有所了解。现实生活中，有的人会为自己的身高难过，有的人为自己嘶哑的声音自卑，有的人为自己的小眼睛、大嘴巴、宽额头而郁郁寡欢，每个人的身体都有不完美之处，也有自己的独特之处，因此，要善于运用自己的身体条件，恰当掌控自己的身体，塑造符合自己气场的体形、外貌、谈吐和礼仪，做到光彩照人。

俗话说"人靠衣装马靠鞍"，一个人的穿衣习惯影响着别人对他（她）的印象。一套得体的服装可以彰显个人的魅力，拥有几套质地良好、风格含蓄、大方得体的服装，在不同的场合穿着恰当，再加上巧妙的搭配，就可以让你在生活和工作中更加得心应手。作为大学生，在大学期间就要留意搭配技巧，学会根据自己的身体条件和个性特点，做到装扮合理、谈吐得体，从而增加自己的气质和气场。

（四）明白自己的言行举止风格

每个人都有自己说话办事的风格。有的人说话快言快语，有的人说话吞吞吐吐；有的人办事风风火火，有的人办事慢慢悠悠。每一种风格给人的感觉是不一样的，说话快、做事麻利，一般会给人很有效率的感觉；说话啰唆、做事拖拉则会给人不认真的感觉。

每个人都需要找到并保持住那些符合自己身份的言行举止。著名成功学家林道安先生曾说："有的人会失败，不是因为他不够努力，不是因为他不够聪明，而是因为他不讲究说话的方式，导致自己失去气势、失去人气，进而失去一切有利的因素。"会说话，往往能帮助人拓宽自己的人脉关系，也能帮助人增强自身的气场，从而吸引积极的有利因素。

（五）找到气场之源

有一句古老而神秘的格言："思维带动一切能量。"人的头脑中想什么，他（她）的气场就会呈现出什么样的状态，气场会随着思维的改变而调整。如果将全部精力集中于一次重要的考试，气场就会自动调整为"严肃模式"来配合当前环境；如果一心盼望着去度假，那么在假期到来之前，气场就会呈现出更加放松和休闲的状态；如果很害怕某一个人或一件事，当面对他（它）时，气场也会呈现出怯懦的状态。

当有意识地将全部精力汇聚到自己希望达成的目标上时，往往就不再恐惧、不再抱怨，也许就能找到气场的源头，从而逐渐增强自己的气场能量，使那些看似不可能的事情都成为可能的。传递给自己的思想是什么，气场往往就能得到同样的逻辑结果。把健康和强壮传递给自己的思想，气场往往也会产生健康和强壮的能量；若把疾病、意外或周围人消极的谈话传递给自己的思想，气场也会传递出相应的信号，在接收到这些信号后，内心也会做出相应的消极反应。

有意识的气场好比是天上的太阳，而气场就像是围绕着太阳的光芒公转的因子，思想一转动，周围的一切也随之转动，所以拥有坚定、积极的思想是建立强大气场的源头。

美国的一个年轻人亨利，30多岁了仍然一事无成，整天唉声叹气。有一天，他的一位朋友兴高采烈地告诉他："我看见一份杂志上说，拿破仑有一个私生子流浪在美国，这个私生子又生了一个儿子，他的全部特点跟你一模一样：个子很矮，讲的是一口带有法国口音的英语……""真的是这样吗？"亨利虽然半信半疑，但他愿意相信这是个事实。当他拿起那本杂志琢磨半天后，终于相信自己就是拿破仑的孙子。

这时，他完全改变了自己内心的状态。以前，他觉得自己矮，并因此感到自卑，如今他欣赏自己的正是这一点："矮个子多好，我爷爷就是靠这个形象指挥千军万马的。"以前他觉得自己英语讲得不好，像乡巴佬一样，而今却以带有法国口音而自豪！当他遇到任何困难时，总是十分自信地说："在拿破仑的字典里是找不到'困难'二字的。"就这样，他凭着自己是拿破仑的孙子的信念，克服了一个又一个困难，几年后，亨利终于成了一家大公司的董事长。后来，他请人调查自己的身世，得到的结论是：他并非拿破仑的孙子。但他坚定地说："现在我是不是拿破仑的孙子已经不重要了，重要的是我懂得了一个成功的秘诀：我之所以能，是因为相信能。"

人还是同一个人，当他相信自己"能"的时候，他的气场就会凝聚成"能"的状态来适应他的内心世界，气场也会将"能"的信号传递给他身边的人。

（六）接受不能改变的

人的一生，有很多东西是无法改变的。

成年以后，人的身高一般无法改变，增高产品通常只是给人一种虚无的希望与安慰。1.8米的个子无法缩到1.6米，同样，1.6米的个子也无法拔高到1.8米。

过于肥胖的人，要付出九牛二虎之力才能减体重，还要注意反弹；太瘦的人，要调节好心态与饮食才能增体重。还有的人，怎么吃也不胖，而有的人，怎么减肥还是减不下来。

父母是谁,生活在什么样的家庭,在人出生前就决定了,由不得你选择。但并不是人人都可以生活在富裕的家庭,出生在哪个城市、哪个家庭,生活在什么时代,也是已经注定了的,更是无法改变的。

这些,无论好与坏,都是无法改变的,但是这些无法改变的因素,并非是决定一个人命运的全部要素。人的一生将怎样度过,更多的取决于那些人们能改变的东西。

(七)改变可以改变的

能让人脱胎换骨、完全可由自己控制的人生要素,其中之一就是气场。气场是通过后天的修身养性来培养的,而且可以让人们对自己的人生有更多的掌控力。一个强大的气场,可以帮助人们获得更大的成功。

人与人的交往是否顺利,很大程度上取决于彼此是否有"好感"。在与他人的初步接触中,给人留下一个好印象是建立"好感"的第一步。"印象"在很多时候是由人的气场决定的,气场相投,彼此就可能会互生好感;气场不合,彼此往往就会互相漠视。

三国时期,刘备投奔荆州刺史刘表后,得到了兵力上的补充,从而在新野驻扎下来。为了图谋更大的发展,他四处寻访能辅佐自己建功立业的贤才。在司马徽和徐庶的推荐下,刘备三顾茅庐请诸葛亮,在一番促膝长谈之后,两人都有相见恨晚的感觉。刘备打心眼里佩服诸葛亮的远见卓识,恭恭敬敬地请诸葛亮出山共谋大业;诸葛亮也被刘备的诚意打动,答应结束隐居生活,出山相助。刘备拜诸葛亮为军师,诸葛亮一心一意辅佐刘备,使刘备的势力一天天壮大起来,最终成为"三国鼎立"的一方霸主。

诸葛亮作为谋士,第一次跟刘备见面相谈,彼此就有"相见恨晚"的感觉,他可以跟随和辅佐的人不止刘备一个,三国时期,谋士多易其主的事情时有发生,而诸葛亮却能一心一意地辅佐刘备,不能不说两人"气场相合"起到了非常重要的作用。

气场,无声无色无形,人们却能千真万确地感受到它。气场的培养,是需要从外到内、从身体到内心都作出努力。气场培养的核心就是让自己的内心变得强大,拥有强大内心的人,才能由内而外散发出十足的气场。各种挫折、困境都是锻炼内心的机会,经历的打击越多,见识的挑战越多,人们的内心往往就会越成熟、越强悍,就越能够在各种场合以平静的心态掌控全局。

那么,怎样才能改变外在细节、提炼气场的"外"呢?

1. 注意外在的穿衣打扮

一个人内心的强大,需要经历一些事情,经过时间的打磨才能磨砺出来;但一个人的穿着打扮,可以在见面的瞬间就进入别人的视线,对话双方会在1秒钟的时间判断出对方是否是他喜欢的人。选择什么颜色、什么款式、什么材质的衣服,都是一个人性情的延伸。懂得如何穿衣打扮,才能给自己树立一个良好的形象。

2. 调控自己的表情

一个人的表情是最好的名片。初次见面,人们关注的焦点往往会定在对方的面部,愉快、平和的表情容易让他人接近你;脸上写着不愉快,会给他人一种压迫感。一个人的气场,很大一部分是从表情散发出来的。

3. 言行举止是可以改变的

针对在不同的场合中,不同身份的人的言行,大众往往有着一些共同认可的规范。如果违反了这些规范,就会给人一种不礼貌、不得体的感觉。言行举止是一个人的内心素养主要的外在表现,这个部分如果表现得好,就容易赢得他人的肯定。懂得根据场合、身份、目的而采取与之相适应的表达方式和行为方式,是一个人拥有高情商、具有社交影响力的表现。

4. 权威和吸引力是可以改变的

并不是每个人都有权力,但每个人都可以有"吸引力权威"。这种权威常有着一呼百应的力量,能使一个人非常具有魅力,使许多人折服。吸引力权威与一个人的能力、责任感、影响力密切相关,而这些因素一般可以通过后天的努力获得。在名人传记中经常能看到,有的名人常常在幼童时期与朋友玩耍时就表现出"孩子王"的权威,在成长的过程中,他们也很注意培养和升华这种气质,久而久之,人们就在他们身上看到了"权威"的气场。

尽管人这一生有许多无法改变的东西,但人们完全可以通过选择着装、调控表情、注意谈吐,使自己变得富有魅力。"接受不能改变的,改变可以改变的",人生的尺度就是在接受与改变之间摇摆。如果人们对不能改变的现状不满,那么就努力改变可以改变的,而这些可以改变的事情可以说是人的气场的根本,气场强大了,前途将会光明,人生的境界自然就会上升。

四、从头到脚修气场

诸葛亮是三国时期的杰出人物,是智慧和品格的化身。在《三国演义》中,刘备三顾茅庐,终于为读者揭开了卧龙先生的神秘面纱:"玄德见孔明身长八尺,面如冠玉,头戴纶巾,身披鹤氅,飘飘然有神仙之概。"[1]后来,诸葛亮舌战江东,张昭等人也见识了诸葛亮的风采:飘飘然有出世之表,昂昂然有凌云之志。

---

① 《三国演义》第三十八回,中华书局,2005,第212页。

再后来,诸葛亮去世多年后,魏国后辈钟会仍有幸一睹诸葛亮的风采:钟会领军入蜀,破阳安关,在定军山前,"钟会在帐中,伏几而寝,忽然一阵清风过处,只见一人纶巾羽扇,身衣鹤氅,素履皂绦,面如冠玉,唇若抹朱,眉清目朗,身长八尺,飘飘然有神仙之概"①,这个"人",就是诸葛亮显圣了。

通过对诸葛亮的身高、面容、头饰、衣着、表情等方面的描写,诸葛亮整个人的气场跃然纸上。

对大学生而言,在对气场的培养上,也要注意从头到脚的外在形象。

(一) 头发是形象、心态的反映

发型通常能反映一个人的个性。因为头发容易修整,可以在短时间内有大的变化,能反映一个人近期的心理状态与转变。有些人在烦躁的时候,就会去做新的发型,能使心情舒畅不少,这也许是因为打理一次头发就像举行一次"去污仪式",让烦闷的心情得到舒缓。

选择发型最重要的原则是适合自己。这里说的适合包括两个方面:一是要适合自己的脸型,二是要适合自己的个性。如果不受任何规定的束缚,可以选择一个让自己舒服的发型,这样的发型,往往和人的个性有关;如果要出席正式、严肃的场合,不要梳怪异的发型,中规中矩的发型最好;如果出席聚会,男士适合干净利落的短发,披肩的长发则使得女士显得更加妩媚。对于参加应聘的大学生而言,男生青春阳光、干净利索的短发,会给人一种积极向上的感觉;女生扎起马尾,既不失女性的美丽又加入了职场的干

---

① 《三国演义》第一百一十六回,中华书局,2005,第656页。

练。

相比于女士长发给人的妩媚,露耳的短发常会给人一种干净、利落、"假小子"的感觉。留着短发但又不太短的女性,会给人一种比较干练、利落的感觉。

发型也可以对人原本的性格起到一定的修饰作用。性子比较柔和的男性,留着短直发会更显阳刚之气;性子比较直或是比较严肃的女性,把头发烫卷,会给人更加柔和的感觉。

(二) 衣着代表着人的格调

一套衣服有时足以令人"大变身"。衣服的颜色、款式、质地不同,往往可以把人塑造成完全不同的形象,合适的服装有时会帮助人提升"气质",有气质的人才更有气场。如果衣着选择得当,就能使人光彩照人、气场十足;如果选择不当,可能会闹出笑话。

在衣着方面,可以看出一个人的思想、个性等。跟着潮流走的人,有不少是没主见的人;以适合自己为主的人,往往是比较有个性的人。这也是衣着之所以能体现气质、气场的一个原因。

人的衣着一般有三大功效:御寒遮羞,彰显气质,调节心情。所谓"合适的"衣服,是指在这三方面都可以发挥作用的衣服。

人类发明衣服的初衷是为了御寒遮羞,这也是衣服最基本的功能。当这个功能与"风度"相冲突时,不少人会选择要风度而舍弃温度,冻得发颤也不肯多添件衣服。

彰显气质,这是衣着的高级功效。大部分人都知道如何选择御寒遮羞的衣服,但并不是所有人都懂得如何选择彰显自己气质、气场的服饰。很多人进入"流行就是好"的误区,流行什么样的衣服,就买什么样的衣服,完全不考虑是否适合自己。所谓的"适合",是指在年龄、职业、性别、身份、场合、相貌、精神面貌等方面都要和自己相匹配,要想做到快速挑选出适合自己的服饰,就得经过较长一段时间的摸索,有时还要考虑他人的意见,自己"身在庐山",不免有时会难以判断。

在气场培养上,要学会根据不同的场合,选择不同的着装,让衣服烘托出个人的气场,找到自己的着装"标签"。有些人认为,在没有明文规定的场合中,可以随便穿衣,但久而久之,这种习惯形成之后,你在别人头脑中的形象也基本定型了:一个很随意、没有什么讲究的人,以后再想改变自己在别人心目中的形象,就颇费功夫了。最好的办法是:在日常生活中养成良好的习惯。初次与人见面时,应用心挑选着装;相隔很久再次与人见面时,在穿着上要使自己看上去精神抖擞;在聚会、聚餐之类的场合,穿着光鲜、得体,给他人留下一个好印象。随时以一种积极、向上的态度塑造自己的穿衣形象,也是积极生活的表现;平时穿衣就养成良好的习惯,衣着得体,气场就会慢慢地聚拢了。

(三)微表情定格形象

表情是与人交流、传达内心力量的精确显示器,一个眼神、一个手势、一个微笑、一个表情,都可能将自己的形象定格在别人心中。表情有时最能捕捉人心、最能透露出一个人内心的力量,是气场的指示器。

"眼睛是心灵的窗户",细微的心理变化能从眼睛里表现出来。在一般的社交活动中,注视者的目光主要集中在对方的两只眼睛和嘴巴组成的三角区域。在与人交流时,不应该直勾勾地看着对方的眼睛,这会给人一种"咄咄逼人"的感觉,而是应该看着由眼睛与嘴巴组成的三角区域。

眼睛的变化通常也会伴随着眉毛的变化,因此我们不能忽略眉毛在表情变化中透露出来的气场信息。"扬眉吐气""愁眉不展"形象地揭示了眉毛在情绪体现上的作用。

"两弯似蹙非蹙笼烟眉，一双似喜非喜含情目。态生两靥之愁，娇袭一身之病。泪光点点，娇喘微微。闲静似娇花照水，行动似弱柳扶风。心较比干多一窍，病如西子胜三分。"①这段话对林黛玉的外貌、形态、神情作了描写，一个活生生的多愁善感、内慧外秀的才女形象跃然纸上，"两弯似蹙非蹙笼烟眉"则起到了凝神的作用，将林黛玉气质中的核心表现了出来。

眉毛有着重要的传情作用，会使人显得更加活泼。但是，沉稳的人更能给别人气场十足的感觉，而眉毛上的过多变化，容易给人造成幼稚的错觉。要想给人一种成熟、稳重的感觉，就尽量不要把情绪状态上的变化反映在眉毛上；如果要反映在眉毛上，就要用"扬眉吐气"的模式，才能向他人传达一种良好的情绪状态。

积极的情绪状态还反映在一个人的体态上。日常生活中，有的人习惯低头走路，有的人喜欢昂首挺胸。一个昂首挺胸的人常让他人觉得精气神十足，也更自信；而低垂着脑袋，看着自己的脚尖走路，会给人一种衰败的感觉。如果想要有一个强大的气场，就抬起头来吧，无论是走路时还是在社交场合中，都要试着养成昂首挺胸的习惯。

人的面部表情千变万化，对面部表情的识别能力是判断一个人情绪感知能力的重要衡量指标。懂得解读他人表情的人，情商一般很高。除了喜怒哀乐这些基本的表情模式外，人们还有抹鼻子、嘴唇颤抖、眼神飘忽、咬嘴唇、表情僵硬、挠头等"微表情"，这些细微的表情变化，也会给人的形象造成影响。

---

① 《红楼梦》第三回，中华书局，2005，第21页。

一个人的气色是气场最直接的语言。气色好的人就好像拥有一个正能量场，不断地向外传递积极的能量，感染身边的人，使别人也快乐起来。面色红润会给人精力充沛、快乐开朗的感觉；面色苍白、蜡黄，会让人觉得没有冲劲和斗志；面色铁青，通常会让人觉得过于严肃或阴沉；面色过红，则会让人觉得此人冲动、易怒，不够理智。在日常生活中，我们应关注自己气色的变化，要及时调整。如果一个人的气色由于身体健康状况的原因不易调整，也要注意用自己的眼神、面部表情、衣着等进行适当的补充。

（四）举手投足显气势

在开会的时候，张着嘴打哈欠；饭桌上，当着众人的面伸手剔牙缝；坐着的时候，习惯性地跷起二郎腿；站着的时候，晃来晃去；用指甲挠头、抠鼻、打喷嚏不用手遮挡……这些看似微不足道的"小动作"却可以让一个人的形象瞬间变得很差，使其气场衰减。

一个不经意的小动作有时会暴露一个人想要掩饰的意图；一个不自觉的小动作就能使良好形象毁于一旦；一个疏忽的小动作可能会使人失去一次成功的机会。例如，开会时打哈欠通常是因为觉得无聊；与人聊天时，目光总是朝门口看，往往表示想结束谈话离开；而挠头、抠鼻、整理指甲等行为，一般是觉得烦躁、无聊时的反应；手总是攥成一团的人，可能是容易紧张；那些打喷嚏、剔牙不用手遮挡的人，一般是不太会考虑他人感受的人。

重视小动作、微行为带来的影响力，会使一个人的气场保持强大，而不会因一时的不经意就使其气场衰败。

（五）人如其声传递气场

《红楼梦》中，王熙凤的出场给大家带来了一个未见其人先闻其声的感觉:只听后院中有人笑声,说:"我来迟了,不曾迎接远客!"黛玉思忖道:"这些人个个皆敛声屏气如此,这来者是谁,这样放诞无礼?"①作者用这寥寥几笔对王熙凤的声音进行描写,刻画出了王熙凤在贾府中的特殊地位,作为一个管家奶奶,她必然拥有与旁人不同的权利。因此,她可以放声大笑,而其他人却不行。这也可以看出王熙凤泼辣的性格,以及她自幼所接受的假充男儿的教养,如果不是这样的话,作为一个大家闺秀,她又怎能笑得如此放诞呢?

先与人传来的声音,往往包含着很多信息,使人们对发出这个声音的人有一个大概的印象。好听的声音,会让人觉得非常舒服;难听的声音则容易引起人的厌恶感;优美的声音,会有"余音绕梁,三日不绝"的效果;嘶哑的声音,往往会给一个人的形象减分。

如果学会控制声音,就可以用声音来树立良好的形象,透过声音传递气场。在日常生活中,大家可能都有这样的经验:当没有见过一个人的具体样子,却先听到这个人的声音时,就已经在脑海中根据这个声音的特点形成了对这个人的一个基本印象。如听到急促、音调高、说话不连续的声音时,能大概判断出这个人正处于紧张、烦恼的状态;如果听到的是稳重、语速适中、音色优美的声音,就会把这个人的形象想象得跟声音一样美好。

无论是面对面与人说话还是通过电话与人交流,优美的声音都能给人留下美好的印象。因此,在与人说话时,要"沉住气",掌握好语速、语调、声音高低;做到语速不快不慢,语调有轻重缓急,声音不高不低。

---

① 《红楼梦》第三回,中华书局,2005,第17页。

（六）用脚步声传递气场

每个人的脚步声都有自己的特点。脚步声，往往带有来人的气场信息：脚步声清脆、有力，一般会给人气场很强的感觉；脚步声沉重的人往往很自信，给人一种"大步向前"的感觉，但这样的人一般对外界不太敏感；脚步声轻而小的人，通常小心谨慎、心思缜密，比较顾及他人的感受；脚步声不紧不慢的人，一般都能沉得住气，做事有规划；脚步声时快时慢的人往往表示心有起伏，在思考什么事情；脚步声急的人，通常都是性格急躁的人，给人"刻不容缓"的感觉；走路慢的人，则性格平和温顺、追求舒适，一般都不急功近利。

日常生活中，要尽量不穿造成声音太大的鞋子。女士穿高跟鞋时，更要注意自己的脚步声是否会干扰到别人，在安静的场合，突然传来高跟鞋的声音通常会令人生厌。拖沓的脚步声常给人一种无力、不利索的感觉，在走路的时候，应尽量让脚抬离地面。有的人喜欢拖着鞋走路，这样做，不但步伐不优美，还会给人一种慵懒的感觉。

一个人心态、情绪的变化也会反映在脚步声上。心情愉快的时候，脚步声就会更加明快；心情低落的时候，脚步声就会显得无力，给人拖着腿走路的感觉。就像戏剧开场前，鼓声预示着这出戏的内容一样，脚步声也预示着一个人的性格、气场。

（七）"能说会道"让气场更强

说话是一门艺术，同样的话，不同的人通常会有不同的表达方式。情绪状态、语气、表情、用词不一样，即便是同样的说话内容，也可能会有迥异的表达效果。言辞之间，一个人的气场也会暴露无遗。说话时,一个人的外在形象与内在心灵合二为一,"能说会道"往往会使一个人的气场更强大。

"能说会道"包含了很多内容,如得体地表达愤怒、恰当地表达问候、批评要做到让人心服口服、艺术化处理拒绝、真诚地赞美别人、不带怨气地表达不满等。在开口"说"时,应该把握以下原则:

1. 表达不满的重点是事情本身,而不是个人的愤怒情绪。心平气和、不带怨气地表达不满会使人的形象显得得体。

2. 用得体、机智的语言代替脏话更能显示一个人的素养和气场。

3. 人们只在一种情况下反感客气的话:故意用这种话疏远关系、拒绝他人。

4. 批评的核心原则是:对事不对人,带着鼓励的批评才是最好的批评。

5. 拒绝别人时,宜用恭维、委婉、同情、商量的语气,这样可以让他人觉得自己是被尊重的。

6. 赞美别人,更能显示一个人的胸怀、风度、气场。赞美他人时,要注意别人的性格特点、自己的措辞以及场合。

五、内心强大的人气场也强大

(一)微笑改变气场

微笑是气场的名片,是交际的钥匙。德国人威尔科克斯曾说:"当生活像一首歌那样轻快欢畅时,笑逐颜开乃是易事;而在一切事都不妙时仍能微笑的人,才活得有价值。"乐观的人在每一次困难中都能看到一个机会,而消极的人面对再好的机会也只能看到那些让自己头痛的"危险"。一个成功者的首要标志就是他的心态,微笑展现的是一个人的内心,它是一种高贵的符号,代表一个人面对不同处境时可以达到的境界。

(二)不做被动的人生司机

一艘没有航行目标的船,无论它向哪个方向行驶,都将是逆风而行。很多人之所以碌碌无为,沿着平平淡淡的轨迹走完一生,是因为他们总是随波逐流,始终处于被动选择的状态。很多在大学时代激情澎湃的年轻人,一旦进入真实的社会,很快就变得茫然无措或者只顾盲目适应,成为一滴没有自主能力的水滴,稀里糊涂地消耗掉人生最好的时光。

"你的人生目标是什么?你是否正在主动地为之努力?"这两个问题对人们很重要,成功的人一定有方向感,他们总能控制自己的方向,一切选择和行为都为之服务,这是气场大厦的一块基石。没有方向感的人,一辈子都不知道自己要干什么,干了些什么,就像开车的司机,向左转还是向右转,头脑中没有正确的判断,总是需要别人指点,掌握不了自己的方向盘。

积极不一定成功,但被动地服从命运的安排注定会平庸。如果总是被动地面对命运的安排,而不能勇敢地做出挑战,也不去寻找让自己摆脱不佳现状的方法,人就会逐渐变得颓废和沮丧,在被环境改变了内心颜色之后,最终接受现实。

(三)做自己喜欢的事情

当一个人总在做自己不喜欢的事情时,很难获得真正的成就感。因为这意味着他无法按照内心的渴望做事,内外相斥的气场,使他总是处在左右相搏的心理状态；人在做自己喜欢的事情时，能唤起其最佳的精神状态，废寝忘食也不会觉得疲惫，在这样的状态下，气场就会增强。

（四）意念决定结果

一块石头分别从 100 米和 10 米的高处掉落，对地面产生的冲击力是完全不同的。一个相信自己可以成功的人，和一个抱着试试看的想法、心态消极的人，做事情的结果也会截然不同。对个人或者团队来说，做一件事情的时候，营造和维持一种积极的气场格外重要。好的意念，往往会带来好的结果；当消极的意念占据头脑时，有可能会得到一个意想之中的失败结果。一个人能不能成就一番事业，就看他是否具备一种长久的积极气场，是否愿意接受现实，并积极地寻求解决的方法。

一个强大的气场，可以由若干小气场按照特有的方式组合而成，达到一个动态的平衡。一个成功的人，他呈现给我们的形象是多面性的，成熟、稳重、激情、冷酷、多情，甚至有时会有极其复杂并且令人难以洞察的一面。而那些衰弱的气场，往往只会提供单一的形象，缺乏变化，要么是刚强但易折的，要么是软弱而无力的。有些人总是过于激动，好像必须马上做成什么事，但很多年后他们仍在努力却一无所获；有些人则是平庸一辈子，无论你什么时候见到他，他总是表现得对积极进取毫无兴趣，不要妄想用理想去引诱他，他根本不会动心。

气场与气场之间也在相互影响，主要的表现形式是相互之间不断地排斥，同时又不断地彼此吸引和同化，因此朋友对人们很重要。"物以类聚人以群分，近朱者赤近墨者黑"，朋友的气场与自己的气场，不是东风压倒西风，就是西风压倒东风。

每个人都有属于自己的气场,那是一种自内而外散发出来的生命力量,简言之,就是在他人看来你所带有的气势。每个人都需要拥有一种与自身形象最般配的气质。如果一个人的气场自信淡定,那么他散发出来的气场就会随意、自然,使人轻松;如果一个人拘谨、羞涩,就会让人觉得扭捏作态。